LÉGENDES
Localités ou curiosités décrites dans le guide
Dijon Ville historique de très grand intérêt
Cluny Localité de grand intérêt
Uchon Localité intéressante
Château ou Palais
Manoir - Monument - Bâtiment remarquable
Monument religieux
Localités ou curiosités non décrites dans le guide
Grande ville repère
Localité intéressante
Château ou Palais
Manoir - Monument - Bâtiment remarquable
Monument religieux
0 10 km
Route touristique
Autre route
Autoroute
Curiosité
Point de vue
Ruines
Grotte
Aérodrome
Chaumont
Langres
Auxerre
Chatillon-sur-Seine
Vézelay
Avallon
Semur-en-Auxois
Dijon
Chalon-sur-Saône
Tournus
Cluny
Paray-le-Monial
Mâcon
Bourg-en-Bresse
Vichy
Distances entre localités ou grands carrefours
Ource
Seine
Vix
Sce de la Douix
Chatillon-sur-Seine
Ch. d'Ancy-le-Franc
CHATILLONNAIS
PLATEAU DE LANGRES
Egl. d'Aignay-le-Duc
Source de la Coquille
Ch. de Grancey
Abbaye de Fontenay
Montbard
Ch. de Montfort
Armançon
Bussy-le-Grand
Grignon
Les Laumes
Ch. de Bussy-Rabutin
Fouilles d'Alésia
Alise-Ste-Reine
Flavigny-sur-Ozerain
Source de la Seine
Ch. d'Epoisses
Semur-en-Auxois
Lac de Pont
AUXOIS
Ch. de Bourbilly
Ch. de Posanges
St-Seine l'Abbaye
Vitteaux
Précy-sous-Thil
Ch. et Collèg. de Thil
Egl. St-Thibault
Le Puit XV
Fontaine-Française
St-Seine-s-Vingeanne
Egl. de Til-Châtel
Ch. de Rosières
Source de la Bèze
Bèze
Parc Zoologique de Pichanges
Ch. de Beaumont-s-Vingeanne
Ch. de Vantoux-lès-Dijon
Ch. de Talmay
A37
Autoroute A6
H6
Dijon
Voir plan page 69
Pontailler-sur-Saône
Saulieu
Ch. de Mont-St-Jean
Ch. de Chailly-sur-Armançon
Pouilly-en-Auxois
Ch. de Thoisy-la-Berchère
N.-D. de Trouvée
Ch. de Commarin
Ch. de Châteauneuf
Ch. de Montculot
Combe de Lavaux
Fixin
Gevrey-Chambertin
La Bussière-sur-Ouche
Canal de Bourgogne
Ouche
Auxonne
MORVAN
N6
Clos-de-Vougeot
CÔTE D'OR
Nuits-St-Georges
Egl. de Bard-le-Régulier
Egl. de Manlay
Arnay-le-Duc
Abb. de Citeaux
Saône
Cussy-en-Morvan
Arroux
Bligny-sur-Ouche
St-Jean-de-Losne
Savigny-lès-Beaune
A36
Autoroute
Ch. de Sully
Pommard
Volnay
Beaune
Auxey-Duresses
Voir plan page 61
Cirque du Bout-du-Monde
Meursault
Seurre

Photos de couverture :
Chablis et ses vignes
Basilique de Paray-le-Monial
Hôtel-Dieu de Beaune
Écluse de Veuvey-sur-Ouche
(Photos Jacques Guillard, agence SCOPE)

N° d'éditeur K 31064
Imprimé en Italie

GUIDES~ALBUMS DELPAL

BOURGOGNE

FERNAND NATHAN

Ancien duché aux dimensions de petit royaume, la Bourgogne prend ses aises au cœur, sinon au centre, de l'Hexagone. Glissant vers le Bassin parisien et s'étirant vers le Lyonnais, flirtant avec la Loire, côtoyant la Champagne et se superposant à la Bresse, elle unit ses forêts, ses terres d'élevage, ses vignes et ses labours autour du seuil géologique qui fut le principal lieu de passage des Gaules et demeure le carrefour de la France. Souvent envahie, incessamment traversée, nouant maintenant les routes et les autoroutes, elle n'a pas « subi » les influences extérieures : elle s'en est enrichie, les assimilant et leur donnant son accent. La région diverse et harmonieusement contrastée que Louis XI amarra au royaume dont elle s'était dangereusement détachée a mêlé les apports et les particularismes aussi souplement qu'elle enchaîne ses paysages. Glorieuse de l'héritage de Cluny, de Cîteaux et des « Grands Ducs », laissant partout affleurer le passé, elle est aussi familière, débonnaire : bonne vivante ne se livrant pas de suite, aimablement réservée, la Bourgogne impressionne par sa forte personnalité, sans chercher à en imposer. Ici, pas de cinéma autonomiste, ni de querelles linguistiques : les Bourguignons ont conscience d'être Bourguignons et n'en font pas une affaire. Tout juste chantent-ils qu'ils en sont fiers, sur un air à boire... L'identité régionale, qui est réelle malgré les diversités humaines et géographiques, paraît plus profonde de n'être pas trop proclamée.

La grande vitrine des « curiosités essentielles » ne révèle qu'une partie de la Bourgogne, l'ombre des hauts lieux dissimule mille trésors. Les tympans de Vézelay et d'Autun, les chapiteaux de Saulieu, le vase de Vix, l'acropole d'Alésia, le dijonnais palais des Ducs, l'Hôtel-Dieu de Beaune, l'abbatiale foudroyée de Cluny, la basilique de Paray-le-Monial et Saint-Philibert de Tournus figurent en tête du palmarès de la France touristique, avec le château du Clos-de-Vougeot et les illustrissimes terroirs viticoles. Avec quelques châteaux, sanctuaires et musées « à ne pas manquer », cela fait déjà beaucoup, mais l'inventaire bourguignon — dont ce guide album n'est qu'un modeste reflet — compte mille et un manoirs, une kyrielle de chapelles romanes et d'églises, des sites étonnamment divers, sauvages dans le Morvan et les hautes Côtes, doux dans le Charolais et au long de la Saône, parfois insolites. La Bourgogne, ce sont aussi les peupliers balisant de paisibles canaux, des vaux verdoyants, les panoramas du mont Afrique, du signal d'Uchon et du mont Saint-Romain, les lacs où l'on fait de la voile (il serait exagéré de parler de ski alpin, mais la région possède cependant sa mini-station, au Haut-Folin). La Bourgogne, ce sont encore la mystérieuse Puisaye de Colette, les herbages de l'Auxois, les combes échancrant le rebord du plateau pompeusement surnommé « la Montagne ». Moins exploré qu'on l'imagine, l'ex-duché enchaîne les enchantements pour qui s'attarde à humer l'air du pays : un dense réseau de chemins des écoliers relie les grands sites et les villes historiques, chemins musant de vignes en forêts dans la superbe ignorance de l'autoroute et des itinéraires-express.

Lieu de passage naturel, mais comportant des sites faciles à défendre et des secteurs d'accès malaisé, voire de véritables enclaves (le Morvan), la Bourgogne fut peuplée des millénaires avant l'ère chrétienne. La roche abrupte de Solutré, qui veille le « pays de Lamartine », au sud-ouest de Mâcon, signale une station préhistorique célèbre, gisement dont les ossements et les outils témoignent d'une présence humaine remontant à plus de 14 000 ans. Les fouilles des Fontaines-Salées, un site archéologique exceptionnel, dans la région de Vézelay, ont mis au jour des vestiges du premier millénaire. Le trésor et le gigantesque vase de Vix, fierté de Châtillon-sur-Seine, attestent de l'importance des courants commerciaux au VIe s. av. J.-C.

Les Séquanes étant implantés à l'est de la Saône et vers le Jura, les Éduens furent les principaux occupants gaulois de la région : ils possédaient un oppidum-capitale près de l'actuelle Autun (Bibracte, le mont Beuvray). La puissante tribu, en bons termes avec les Romains, n'apporta qu'un appui relatif à Vercingétorix lorsqu'il prit la tête de l'ultime grande rébellion gauloise. Le courageux et trop impétueux Arverne, qui avait tenu César en échec à Gergovie, perdit sa cavalerie près de Dijon et capitula à l'issue du siège cruel d'Alésia (52 av. J.-C.). La défaite gauloise — l'une des grandes dates de l'histoire de France — marqua le début d'une nouvelle époque.

La civilisation romaine s'étendit sur la Bourgogne (et l'ensemble de la « Gaule hirsute », jusque-là infiniment moins soumise que la méridionale « Gaule en toge ») ; Autun supplanta Bibracte, désertée par les Éduens. Progressivement christianisée, la région bénéficia de la paix romaine, prospérant longuement malgré les raids alamans, cultivant les arts, les lettres... et la vigne. Barbares relativement évolués, les Burgondes submergèrent le pays au Ve s., constituant le grand royaume de Burgundia (d'où Bourgogne), État éphémère qui s'étendit jusqu'à la Provence.

Les Gallo-Romains pactisèrent avec ces envahisseurs relativement tolérants, dont un roi, Gondebaud, laissa le souvenir d'un législateur ouvert et cultivé. Décimés par les Huns, les Burgondes ne purent résister à l'assaut franc du VIe s. : un second royaume de Bourgogne se constitua, un jour diminué, plus tard agrandi, souvent divisé et ensanglanté. L'Empire dépecé, après la mort de Charlemagne, une grande partie de l'actuelle Bourgogne revint à Charles le Chauve (une « Bourgogne jurane » relevant de Lothaire).

La Bourgogne entra dans le cadre d'un vaste royaume dont Arles fut la capitale, connut diverses vicissitudes, finit par échoir aux princes de la famille royale de France. Des religieux s'installèrent à Vézelay à la fin du IXe s., l'abbaye de Cluny, créée au Xe s., devint un centre de rayonnement incomparable : le « flambeau de la chrétienté » pendant plus de deux siècles. La réforme cistercienne, dont l'influence fut considérable au XIIe s., eut pour apôtre saint Bernard. Ce moraliste ardent joua un rôle de premier plan sur la scène internationale, luttant pour l'union de l'Église et prêchant la seconde croisade : l'histoire a retenu son appel de 1146 à Vézelay, acropole alors glorieuse.

Alors que la Franche-Comté voisine demeurait dans la mouvance de l'Empire germanique, la Bourgogne revint au roi de France Robert II le Pieux (1002) et fut bientôt dévolue au troisième fils du monarque. Ce dernier, Robert, allait être à l'origine d'une « maison royale de Bourgogne » : cette dynastie fournit au duché douze souverains, ducs capétiens dont la lignée s'éteignit en 1361, avec le décès du jeune Philippe Ier de Rouvres. A nouveau juxtaposée, mais non intégrée, au royaume de France, la Bourgogne fut confiée à Philippe le Hardi, fils du roi Jean le Bon (1364). Grand politique, rendu puissant par son mariage avec Marguerite de Flandre, qui lui apporta les comtés de Rethel, de Nevers, d'Artois et de Flandre, ce Valois fut le premier prince d'une nouvelle lignée ducale. « Les Grands Ducs d'Occident » : ainsi surnomma-t-on les puissants souverains qui régnèrent sur un État dépassant de très loin les limites de l'actuelle Bourgogne. A Philippe le Hardi succédèrent Jean sans Peur (assassiné en 1419), Philippe le Bon et Charles le Téméraire, le prince qui mourut pour avoir voulu faire du duché un royaume. A la tête de vastes territoires dispersés, il souhaita constituer un domaine cohérent et indépendant, unifié grâce à l'annexion de la vallée du Rhin, de Bâle à Nimègue... Ambition ne pouvant qu'être dangereuse pour la France ! A l'issue d'un duel à mort avec Louis XI, le roi centralisateur, il perdit la partie et périt devant Nancy en 1477.

Son adversaire triomphant intégra définitivement la Bourgogne au royaume (le duché, qui bénéficia d'une relative autonomie, s'agrandit plus tard de la Bresse).

Marie, la fille du Téméraire, renonça à ses terres, mais apporta une partie importante des États de son père à Maximilien de Habsbourg, épousé quelques mois après la mort du dernier Grand Duc (héritiers partiels des princes bourguignons, les Habsbourg, maîtres des Pays-Bas et de la Franche-Comté, conservèrent quelques prétentions sur la Bourgogne, convoitée par Charles Quint, souverain dont le français était la langue maternelle).

Le rattachement de la Bourgogne fut un événement capital, non seulement de l'histoire française, mais de l'histoire européenne. La province ne se singularisa pas particulièrement par la suite. Son gouvernement revint aux princes de Guise, puis aux Condé, Dijon s'embellit aux XVIIe et XVIIIe s. Le chemin de fer suscita un regain d'activité dans la « province du milieu », que traversent maintenant l'autoroute la plus fréquentée de France et la ligne du T.G.V.

Province essentiellement forgée par l'histoire, la Bourgogne est disparate sur le plan géologique. De part et d'autre de la grande voie de passage nord-sud, elle multiplie les paysages, ici souplement associés, là nettement contrastés. Située sur la ligne de partage des eaux — Seine au nord, Saône au sud, quelques petites rivières se laissant capter par la Loire —, elle associe des massifs anciens (Morvan, hauteurs du Charolais), les plats pays de la Saône, les bassins sédimentaires de la basse Bourgogne (au nord), les plateaux calcaires de la région de Dijon, des Côtes et des hautes Côtes. Les petites régions sont évidemment très liées, mais elles gardent chacune leur personnalité, tel l'Auxerrois où explose la floraison printanière des cerisiers, l'Auxois dominé par des buttes, le Charolais aux opulents pâturages, le Puisaye aux forêts et aux herbages semés d'étangs, le ravissant et marginal Brionnais, pépinière d'églises romanes.

La Bourgogne viticole est internationalement célèbre. Du Chablis à l'orée du Beaujolais, les vignes règnent dans trois départements : l'Yonne, la Côte-d'Or, la Saône-et-Loire. Tenant parfois du mouchoir de poche, les parcelles cultivées sont innombrables. Comme toute région viticole, la Bourgogne produit des bouteilles quelconques, mais elle possède des « climats » (crus) illustres, dont les vins ont depuis longtemps conquis le monde entier. Les petites départementales sinuant au pied des pentes font découvrir des vignobles très divers. Comme les terroirs, les cépages varient de la basse Bourgogne au Mâconnais : les pinots produisent les grands rouges, le gamay — qui n'est vraiment chez lui qu'en Beaujolais — des rouges de moindre personnalité ; le chardonnay est le raisin des blancs les plus fins (certains étant grandioses), l'aligoté laisse couler des blancs parfois quelconques. Les régions se sont plus ou moins spécialisées. Chablis, c'est notoire, ne produit que son blanc typé, alors que les dernières vignes de l'Auxerrois livrent des rouges et des blancs. Au cœur de la Bourgogne viticole, la Côte-d'Or s'enorgueillit de ses crus somptueux, de ses vins gentilshommes et de milliers de bouteilles se haussant du col grâce à leur étiquette estampillée d'A.O.C. célèbres : *côte de Nuits,* au nord de Beaune, *côte de Beaune,* au sud, long ruban de vignes auquel sont épinglés les noms de Gevrey-Chambertin, de Morey-Saint-Denis, de Chambolle-Musigny, de Vougeot, de Vosne-Romanée, de la Romanée-Conti (1,8 hectare seulement) et de la Romanée-Saint-Vivant, de Nuits-Saint-Georges, d'Aloxe-Corton, de Beaune, de Pommard, de Volnay, de Meursault, de Puligny et Chassagne-Montrachet...

Superbe litanie des vins ! La vigne encerclait jadis Dijon et parvenait même à se glisser en ville. Elle est restée reine en Bourgogne.

A VOIR ET A REVOIR

Alise-Sainte-Reine

21150 Côte-d'Or. 18 km Montbard.

Veillé par la colossale statue en cuivre repoussé de Vercingétorix, campée depuis le XIXe s. au sommet du mont Auxois (407 m d'altitude), ce bourg d'un certain caractère évoque deux souvenirs bien différents : « Alise » dérive d'Alésia ; « Reine », ou Régina, était une jeune chrétienne, décapitée au IIIe s. pour avoir refusé d'épouser un gouverneur romain (le quartier de Sainte-Reine est celui de l'hôpital, le nom d'Alise restant attaché à la partie haute).

Histoire d'Alésia. Las des exigences de César, les représentants des peuples gaulois réunis à Bibracte (VOIR AUTUN), en 52 av. J.-C., mandatèrent Vercingétorix pour diriger la rébellion contre les Romains. Après de rudes combats, les Gaulois se replièrent dans l'oppidum d'Alésia que César encercla, l'entourant de camps retranchés et d'ouvrages militaires. Ses 40 000 légionnaires établirent deux *contrevallations,* lignes de défenses bloquant les assiégés, et une *circonvallation* protégeant les assiégeants des armées gauloises venant briser le blocus. Après l'échec de plusieurs contre-attaques, Vercingétorix se livra à César, qui le retint prisonnier six ans à Rome avant de le faire étrangler.

Vestiges gallo-romains. L'oppidum gaulois devint une cité gallo-romaine d'une certaine importance et fut probablement abandonné à l'époque mérovingienne. Les fouilles entreprises au XIXe s. ont mis au jour les vestiges d'une grande ville (bases de maisons et de boutiques, temples, théâtre, rues), ainsi que les fondations d'une église mérovingienne du VIIIe s. et des fonds de cabanes gaulois. Sur le site, le *musée d'Alésia* abrite les objets de diverses époques retrouvés par les archéologues (statues, fragments lapidaires, bijoux, monnaies). Très restaurée, l'*église Saint-Léger* remonte aux VIIe et Xe s. ; elle fut construite sur le plan des anciennes basiliques chrétiennes.

Sainte-Reine. Depuis le Moyen Age, de nombreux pèlerins se recueillent à la *fontaine miraculeuse* de Sainte-Reine qui jaillit à l'endroit où Régina fut décapitée. Belle statue de la sainte (XVe s.) dans la proche chapelle du pèlerinage. Une partie de l'*hospice,* fondé en 1660 par saint Vincent de Paul pour les pèlerins, a gardé sa vocation ; la chapelle abrite une suite de tableaux offerts par Anne d'Autriche, relatant la vie de sainte Reine.

Construit sur le modèle des théâtres antiques, le *théâtre des Roches* fut fondé en 1945 dans des carrières et peut contenir plus de 4 000 personnes (spectacle des « Mystères de sainte Reine » et autres représentations profanes).

Flavigny-sur-Ozerain. *12 km sud-est.* Ce village médiéval doit son existence à l'abbaye qui abrita les reliques de sainte Reine (cryptes carolingiennes, bâtiments claustraux du XVIIe s., dépôt lapidaire). Du XIIIe s., l'*église Saint-Genest* a été remaniée aux XVe et XVIe s. (belles stalles sculptées vers 1500).

Ancy-le-Franc (Château d')

89160 Yonne. 50 km Dijon.

A la lisière d'Ancy-le-Franc, gros bourg dominé par les collines de l'Armançon, s'ouvre la grille monumentale du premier et du plus beau château Renaissance de la Bourgogne nord. Construit de 1546 à 1622 pour les Clermont-Tonnerre, d'après les plans de l'architecte italien Sébastien Serlio, la décoration intérieure fut confiée au Primatice (architecte et artiste italien), le vaste édifice cache ses charmes à qui flâne dans le parc. Robuste et sévère extérieurement, ce quadrilatère aux pavillons d'angles discrets s'organise autour d'une cour intérieure carrée, harmonieusement ordonnancée. La devise *Si omnes ego non* (« Si tous t'ont renié, pas moi ») rappelle la fidélité d'un ancêtre au pape bourguignon Calixte II.

Le château d'Ancy est essentiellement un superbe *musée Renaissance,* avec ses plafonds peints, les fresques de la *salle des Nudités* et de la *chambre de Diane,* ses boiseries, ses meubles. La chapelle est revêtue de lambris peints au XVIe s. par un artiste d'une extrême habileté. La *galerie de la Pharsale* est illustrée de peintures évoquant la victoire dg Céar sur Pompée ; celle *des Sacrifices,* qui lui fait pendant, s'orne de camaïeux.

Ruinés, les Clermont-Tonnerre vendirent leur château à Louvois en 1684. Celui-ci y habita peu, mais fit construire les communs disposés en fer à cheval autour d'une cour carrée (expositions d'art contemporain). La charmante folie qui se cache dans un bouquet d'arbres date de 1761.

Arnay-le-Duc

21230 Côte-d'Or. 28 km Autun.

Arnay-le-Duc vit Henri IV faire ses premières armes contre les troupes catholiques du duc de Mayenne ; Mesdames Adélaïde et Victoire (tantes de Louis XVI) y furent arrêtées pendant la Révolution, alors qu'elles fuyaient en Italie.

Cette vieille cité, partiellement protégée par d'anciens remparts, conserve une église des XVe et XVIe s. : nef avec une belle voûte refaite, chapelle recouverte d'un superbe plafond Renaissance à caissons. Derrière l'édifice se dresse la *tour de la Motte-Forte* couronnée d'une galerie à machicoulis, ruines d'un puissant château féodal détruit pendant les guerres de Religion.

Autun

71400 Saône-et-Loire. 85 km Dijon

Solidement campée sur une colline, au-dessus de la vallée de l'Arroux, la calme sous-préfecture est veillée pour l'éternité par l'une des plus belles cathédrales de Bourgogne ; elle possède un remarquable musée.

Histoire. Autun, l'antique *Augustodunum,* fut créée par Rome au début de notre ère. Les vainqueurs des Gaulois, traditionnellement en bons termes avec la puissante tribu des Éduens qui peuplait la région, fondèrent une vaste cité enfermée dans une enceinte de 6 km, dont subsistent plusieurs

éléments (portes d'Arroux et de Saint-André). La ville rallia les Éduens abandonnant Bibracte, le proche oppidum du mont Beuvray, et prospéra considérablement. Célèbre pour ses écoles méniennes (de *mœniana :* portiques sous lesquels étaient donnés les cours), la « sœur et émule de Rome » fut tôt christianisée. La reine d'Austrasie, Brunehaut, y résida et la dota d'importants établissements religieux.
Englobée dans le duché de Bourgogne, but de pèlerinage, la cité brilla au Moyen Age grâce au chancelier Nicolas Rolin (1376-1461, fondateur de l'Hôtel-Dieu de Beaune) et surtout à l'un de ses fils, le cardinal Jean Rolin, qui acheva la cathédrale Saint-Lazare. Talleyrand monta sur le siège épiscopal à la veille de la Révolution et conserva le surnom d' « évêque d'Autun » après sa séparation d'avec l'Église. Napoléon, Joseph et Lucien

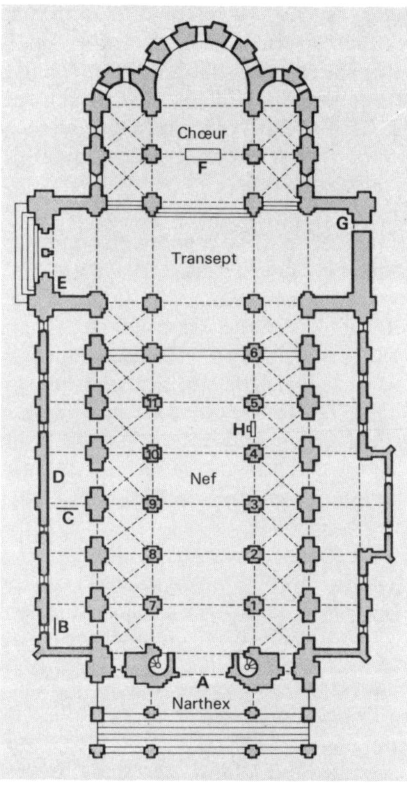

Autun - Cathédrale Saint-Lazare **A** Portail central, tympan du Jugement Dernier **B** Fonts baptismaux et Vierge à l'enfant du XVe s. **C.** Martyre de saint Symphorien par Ingres **D** Sépulture des évêques d'Autun et vitrail du XVIe s. représentant l'Arbre de Jessé **E** Escalier du XVe s. **F** Sous le maître-autel, reliques de saint Lazare **G** Accès à la salle capitulaire **H** Chaire.

1 Martyre de saint Vincent **2** Chute de Simon le Magicien **3** Ascension de Simon le Magicien **4** Lavement des pieds **5** Lapidation de saint Etienne **6** Arche de Noé **7** Sacrifice d'Isaac **8** Annonciation à sainte Anne **9** Saint Pierre en prison **10** Tentation du Christ **11** Apparition du Christ à Marie-Madeleine.

Bonaparte suivirent les cours du collège militaire dont les jardins ont été tracés par Le Nôtre.

Cathédrale Saint-Lazare. Édifice superbe dont le tympan et les chapiteaux sont célèbres, Saint-Lazare a été « rhabillée » au fil des siècles mais garde intérieurement son caractère roman. La cathédrale harmonieuse et altière, commencée en 1120, put recevoir les reliques de saint Lazare en 1146. Un orage ayant foudroyé la tour et ébranlé le chœur, elle subit d'importants remaniements aux XVe et XVIe s. Le cardinal Rolin fit dresser la flèche audacieuse, savante maçonnerie sans charpente jaillissant jusqu'à 77 m ; les chanoines mirent un point d'honneur à élever des chapelles très ornées, dont la richesse jure quelque peu avec la sobriété de la nef. L'édifice devait être malencontreusement mis au goût du jour au XVIIIe s. : le somptueux tombeau de saint Lazare fut démoli, le chœur caché sous des marbres, le tympan plâtré. Viollet-le-Duc orchestra au XIXe s. les travaux de consolidation et de restauration.

Portail et tympan. Un vaste porche précède la façade du XIIe s. Il abrite l'extraordinaire tympan, à l'origine polychromé, exécuté entre 1130 et 1140 par Gislebertus, artiste qualifié par André Malraux de « Cézanne roman ». Un hiératique Christ en majesté domine les scènes du Jugement dernier animées par de nombreux personnages en bas-relief et en ronde bosse. Les sculptures débordent sur le linteau, orné avec verve, et sur les voussures extérieures ; le tympan est encadré de médaillons illustrant les saisons, les signes du zodiaque, les Travaux des mois. De chaque côté du portail, trois colonnes portent des chapiteaux historiés. L'un d'eux, à gauche, montre le Loup et la Grue de la fable d'Ésope qui inspira à La Fontaine *le Loup et la Cigogne.*

Nef et chœur. Voûtée en berceau brisé, haute de 23 m, la grande nef de sept travées est un exemple parfait d'art roman bourguignon. Calquée sur le modèle de Cluny, elle doit aux cannelures des piliers et aux arcatures des galeries hautes un caractère particulier : les constructeurs de Saint-Lazare furent peut-être marqués par le décor de la vieille porte d'Arroux. Les chapiteaux représentent des scènes savoureuses de l'Ancien et du Nouveau Testament, des décors de feuillages et de palmettes. Les bas-côtés sont bordés de chapelles. L'une d'elles, à gauche, abrite un pompeux Martyre de saint Symphorien par Ingres (1834). Les reliques de saint Lazare sont présentées dans une petite châsse vitrée sous le maître-autel. A droite du chœur se voient les statues orantes du président du parlement de Bourgogne, Pierre Jeannin (mort en 1623), et de sa femme. Dans la *salle capitulaire* du XVIe s. sont rassemblés des chapiteaux du transept et du chœur qui furent remplacés par des copies.

Musée Rolin. *Près de la cathédrale.* Installé dans l'*hôtel Lacomme* (XIXe s.) et une dépendance de l'*hôtel Rolin* (XVe s.), ce musée sans poussière ni dorures obsolètes présente de splendides collections éclectiques. Il réunit le produit des fouilles de Bibracte, une admirable statuaire romane, de nombreuses peintures, de beaux meubles de la Renaissance à nos jours. Entre autres chefs-d'œuvre : une Ève voluptueuse du XIIe s. feignant de se détourner de la pomme (due au ciseau de Gislebertus, elle ornait un linteau de la cathédrale) ; la Vierge d'Autun, émouvante madone en pierre polychrome du XVe s. ; *la Nativité* par le Maître de Moulins (vers 1480), peinture sur bois où le cardinal Rolin apparaît agenouillé ; une maquette de l'ancien tombeau de saint Lazare permet de situer les quelques longues et belles statues qui l'ornaient et qui ont été conservées après sa démolition.
D'origine médiévale, l'ancien évêché a été totalement remanié au XVIIIe s.
Outre les *portes Saint-André* et d'*Arroux,* il subsiste plusieurs vestiges de l'époque gallo-romaine : un important théâtre remontant au Ier s., très restauré ; un temple « hors les murs », probablement du Ier s. également, dit « temple de Janus », et, à 1 km de la ville, une mystérieuse pyramide surnommée *Pierre de Couhard* (sans doute s'agissait-il d'un monument funéraire).

Environs. Mont-Beuvray. *24 km ouest.* L'un des points culminants du Morvan, il porta l'acropole des Éduens, Gaulois alliés de Rome auxquels César pardonna d'avoir suivi Vercingétorix. Abandonné au début de notre ère pour Autun, le camp fortifié était entouré d'un haut rempart en pierres sèches, long de 5 km. César travailla à ses *Commentaires sur la guerre des Gaules* sur ce plateau, où des fouilles ont dégagé les bases de demeures gauloises.

Château de Sully. *15 km nord-est.* Pour Mme de Sévigné, c'était le « Fontainebleau de Bourgogne ». Le noble et somptueux édifice où naquit Mac-Mahon (1808) date des XVIe et XVIIe s. ; la cour est un chef-d'œuvre de la seconde Renaissance.

Auxerre

89000 Yonne. 167 km Paris. 52 km Avallon

Quoique à la lisière du Bassin parisien, vers lequel l'Yonne enchaîne ses méandres, Auxerre (« Ausserre ») est la capitale de la basse Bourgogne. Cette cité bimillénaire où sont enchâssés tant de vestiges du passé est particulièrement belle au crépuscule quand le soleil éclaire doucement ses clochers et l'enchevêtrement des toits couverts de petites tuiles : le tableau, qu'inverse le miroir de la rivière, doit être découvert du *pont Paul-Bert,* commandant la plus ample vue d'ensemble. Entourée de quartiers modernes banals, la préfecture de l'Yonne a préservé le caractère de son centre ancien et s'est offert la coquetterie d'un secteur piétonnier. L'Auxerre d'hier garde la forme que lui donnèrent les deux enceintes l'ayant enfermé successivement, des boulevards étant tracés sur les fortifications abolies. Autrefois fière de sa batellerie, sa « marine », la ville s'est dotée d'un port de plaisance, bénéficiant de l'engouement pour les lentes croisières fluviales et les flâneries sur les canaux (nous sommes ici au départ du canal du Nivernais).

Histoire et personnages. Modeste bourgade celte, prospère cité gallo-romaine, patrie de saint Germain, Auxerre fut gouvernée par des comtes, puis par ses évêques. Dépendant du duché de Bourgogne, elle revint à la France après la mort de Charles le Téméraire.

Le futur saint Germain retrouva sa ville natale à la fin du IVe s., après avoir été avocat à Rome et s'être battu contre les Barbares. Converti par saint Amâtre, selon la légende, il abandonna sa fortune aux pauvres et devint évêque d'Auxerre à la mort de son maître. Menant une vie austère, il ne cessa de voyager au loin, évangélisant et luttant contre l'hérésie jusqu'à sa mort, qui survint, à Ravenne, en 448.

Auteur de *Monsieur Nicolas ou le Cœur humain dévoilé* et du *Paysan perverti ou les Dangers de la ville,* Nicolas Restif, dit Restif de la Bretonne, vit le jour à Sacy, en 1734, et fit son apprentissage de typographe chez un imprimeur auxerrois. Louis XIII et Louis XIV visitèrent à plusieurs reprises la ville où les soldats du maréchal Ney renforcèrent les troupes napoléoniennes au retour de l'île d'Elbe. Écrivain régionaliste connu, Marie Noël (1883-1967) est statufiée de façon familière place de la Mairie. Elle est l'auteur des *Chansons et des heures,* du *Cru d'Auxerre,* de *Chants d'arrière-saison...*

Cathédrale Saint-Étienne. Du Ve au XIIIe s., quatre édifices précédèrent ce beau monument gothique. Commencés en 1215 par l'évêque Guillaume de Seignelay, les travaux de l'édifice actuel se prolongèrent jusqu'au XVIe s., le clocher méridional restant inachevé.

Extérieur. Richement ornée, la façade principale a souffert des saccages huguenots. Le Christ règne au tympan du portail central (XIIIe et XIVe s.), dont les Vierges folles et les Vierges sages peuplent les piédroits. Du XIVe s., le portail gauche est décoré des représentations de la Genèse, de la Création de l'homme, du Paradis terrestre, du Déluge, ainsi que du Couronnement de la Vierge. Du XIIe s., le portail de droite conte l'histoire de David et Bethsabée. Le portail latéral sud date du XIVe s., le portail latéral nord du XVe s.

Intérieur. Large et élancée, l'ample nef du XIVe s., voûtée au XVe s., est éclairée par les restes lumineux de verrières et bordée d'intéressantes chapelles latérales. Également du XIVe s., le transept a conservé ses rosaces du XVIe s. D'une rare élégance, le chœur (1215-1234) abrite un bas-relief de saint Étienne sur l'autel dit des *Féries* et un monument original de l'évêque Nicolas Colbert (XVIIIe s.). Un autre monument porte le buste de Jacques Amyot, mort en 1593 ; ce prélat fit restaurer les stalles du chœur. Chef-d'œuvre de légèreté, le déambulatoire fut construit au XIIIe s., ainsi que les vitraux historiés éclatants de couleurs profondes ; ils illustrent quelque trois cent cinquante thèmes empruntés à la Bible et aux légendes chrétiennes.

Seul vestige de la dernière cathédrale romane, la *crypte* du XIe s. est ornée de fresques représentant le Christ. Le riche trésor réunit des pièces d'orfèvrerie religieuse, des émaux champlevés des XIIe et XIIIe s., des ivoires, des miniatures, des livres d'heures.

Au flanc nord de la cathédrale, la préfecture occupe l'ancien palais épiscopal, dont le grand porche se dresse près de l'abside. L'aile droite conserve une galerie romane du XIIe s. : c'était le promenoir des évêques.

Abbatiale Saint-Germain. Le corps embaumé de saint Germain, ramené à Auxerre, avait été inhumé dans un modeste oratoire que remplacèrent des sanctuaires plus vastes, maintes fois remaniés (cela explique la complication et l'imbrication des cryptes préromanes). L'imposant clocher roman — la tour Saint-Jean — est un ouvrage du XIIe s., vestige de l'édifice que remplaça l'abbatiale actuelle. Autrefois greffé à l'église, le clocher est maintenant solitaire : la transformation de l'abbaye en hôpital (1811) entraîna la destruction de l'avant de la nef, la partie ogivale laissée debout étant fermée par une pauvre façade.

Église gothique et cryptes. Saint-Germain a été reconstruite de 1277 à la fin du XVe s. L'église haute, qui demeura inachevée, est dépouillée, assez sévère ; elle abrite divers fragments lapidaires. Les *cryptes,* célèbres pour leur intérêt archéologique, s'organisent autour d'une véritable petite église, la Confession (les restes du saint évêque y avaient été transférés en 859). A demi souterraines, deux rotondes superposées complètent le labyrinthe au XIIIe s., constructions sur lesquelles repose l'abside de Saint-Germain. L'une de ces rotondes, la *chapelle Sainte-Maxime,* possède une très belle voûte d'ogives.

Des fresques peintes vers l'an 850 ont été découvertes en 1927 dans le passage de circulation : elles évoquent la vie et le martyre de saint Étienne. Des peintures qui couvrirent probablement toutes les cryptes, subsiste également l'*Adoration des Mages* de la chapelle Saint-Laurent. Ces fresques, comptant parmi les plus anciennes de

France, sont du plus haut intérêt iconographique. Dans les entrailles pénombreuses de l'abbatiale se voient le « sarcophage postiche » de saint Germain (il fut substitué au vrai pour abuser les profanateurs normands), divers tombeaux, quelques chapiteaux d'époque carolingienne.

Fondée au VIe s. par la reine Clotilde, l'abbaye fut saccagée pendant les guerres de Religion, la Révolution et au XIXe s. Les bâtiments ont été restaurés, tant que faire se pouvait, dans leur aspect primitif ; ils devraient prochainement abriter un *centre culturel* et le *musée d'art.*

Tour de l'Horloge, ou tour Gaillarde. La tour de l'Horloge remonte à la fin du XVe s. Vestige des fortifications médiévales, elle porte une horloge du XVIIe s. dont les cadrans indiquent heures, mouvements du Soleil et de la Lune. Près de là, habitait, au XVIIIe s., l'huissier Me Roussel qui inspira le personnage de l'abracadabrante chanson *Cadet Roussel.* L'hôtel de ville du XVIIIe s. est entouré de maisons anciennes. Tout ce vieux quartier piétonnier est très animé.

Maison du Coche-d'Eau. *Place Courtet.* Dans le quartier de la Marine, cette belle demeure gothique, récemment restaurée, est bâtie sur des caves romanes. Le rez-de-chaussée est réservé aux expositions temporaires.

Musée Leblanc-Duvernoy. *9 bis, rue d'Égleny.* Installé dans un ancien hôtel particulier, ce musée expose, entre autres, de fort belles tapisseries de Beauvais, des meubles ayant appartenus à Soufflot, une importante collection de faïences régionales.

Conservatoire de la nature. *Boulevard Vauban.* Collections de paléontologie, de géologie et de sciences naturelles.

Musées d'art et d'histoire. Transfert prévu de la place du Maréchal-Leclerc à l'abbaye Saint-Germain. Archéologie, peintures de diverses écoles, sculptures (beau retable du XVIe s.), médailles et monnaies, évocation du maréchal Davout. Se renseigner auprès de l'*office du tourisme,* 1, quai de la République, ou à la *Conservation des musées d'art et d'histoire,* Maison du Coche-d'Eau, tél. : (86) 51.09.74.

Environs. Auxerre est une base touristique d'où l'on rayonne de *la Puisaye à l'Auxois,* en passant par le *nord du Morvan.* L'Auxerrois proprement dit fut une région viticole célèbre (il était aisé de transporter les fûts à Paris, par l'Yonne et la Seine). Avec le phylloxéra, la surface plantée en vigne régressa considérablement : les viticulteurs survécurent en plantant des cerisiers en marge de leurs parcelles. Département de la cerise, l'Yonne est particulièrement séduisante au printemps quand fleurissent les arbres fruitiers.

Saint-Bris-le-Vineux. *10 km sud-est.* De vieilles maisons entourent une belle église gothique du XIIIe s. abritant une fresque de l'Arbre de Jessé (vers 1500).

Irancy. *14 km sud.* Village typique de l'Auxerrois entouré de collines vêtues de vignes, Irancy posssède une belle maison Renaissance où naquit, en 1713, Germain Soufflot, architecte du Panthéon de Paris.

Coulanges-la-Vineuse. *17 km sud.* Toujours en région viticole, ce petit village doit sa belle église du XVIIIe s. à Servandoni, architecte de l'église Saint-Sulpice, à Paris. Beau panneau flamand du XVe s. au presbytère.

Cravant. *19 km sud-est.* Ancienne ville forte, Cravant a conservé une partie de ses remparts, des vieilles maisons en bois et une belle église Renaissance entourée de onze chapelles très décorées.

Auxonne

21130 Côte-d'Or. 32 km Dijon

En bordure de Saône et enveloppée d'allées ombragées, cette ville fut rattachée à la Bourgogne en 1237. De 1788 à 1791, le jeune officier Napoléon Bonaparte y vécut en garnison ; il est évoqué dans un petit *musée* présentant par ailleurs des collections préhistoriques, gallo-romaines et folkloriques.

Église Notre-Dame. Surmonté d'une tour romane, l'édifice date essentiellement du XIIIe s. Ajouté au XVIe s., le beau porche a été saccagé pendant la Révolution et restauré en 1853. De style ogival bourguignon, Notre-Dame abrite une belle Vierge du XVe s. (École de Claus Sluter), un Christ aux liens et des stalles du XVIe s., un lutrin du XVIIe s.

Devant l'hôtel de ville, installé dans une belle demeure en brique du XVe s., se dresse la statue du « Lieutenant Napoléon Bonaparte », par Jouffroy.

Avallon

89200 Yonne. 52 km Auxerre.

A la porte du Morvan, prolongé par une ville moderne sans caractère, le vieil Avallon occupe un site magnifique entre deux ravins, devant la verdoyante vallée du Cousin que suit une jolie route touristique. Héritière d'un bourg gallo-romain, jadis siège d'un comté, la ville fut une place forte importante au Moyen Age, comme en témoignent les puissantes défenses qui subsistent (remparts, tours et bastions). Surmontée d'une robuste tour et d'un campanile, la *Tour de l'Horloge* (XVe s.) marque l'entrée dans l'enceinte du château, calquée sur celle du castrum romain. A l'autre extrémité, la *Petite Porte* s'ouvre sur une terrasse plantée de tilleuls, promenade panoramique à partir de laquelle il est possible de contourner la cité en suivant les anciennes défenses.

Église Saint-Lazare. Dominant un profond ravin, l'abside et les absidioles de cette ancienne collégiale datent du XIe ou du XIIe s. Très mutilés pendant les guerres de Religion et la Révolution, les deux portails restants de la façade sont de beaux exemples du style roman bourguignon. Élevé au milieu du XIIe s., le vaisseau central est d'inspiration vézelienne. Le bas-côté droit communique avec l'*église Saint-Pierre,* du XVe s.

Un petit *musée de l'Avallonnais* abrite des collections très diverses. Élevé à l'emplacement du château des comtes d'Avallon, le *palais de justice* conserve de grandes caves du XIIIe s.

La cité possède également de très vieilles et belles maisons des XVe, XVIe et XVIIIe s.

Beaune

21200 Côte-d'Or. 35 km Dijon.

Enfermée dans l'arrondi des remparts à bastions longés de boulevards, au cœur de la Bourgogne viticole, Beaune résiste aux agressions du temps et garde son cachet plein de charme. Cette ancienne résidence ducale est riche de belles demeures, notamment rue de Lorraine, mais la foule touristique n'a d'yeux que pour le célèbre Hôtel-Dieu aux toits colorés et brillants, pour Notre-Dame, collégiale d'origine romane mais rhabillée à l'époque gothique, et pour l'Hôtel des ducs de Bourgogne abritant le musée du vin.

Histoire. Fondée au Ier s. av. J.-C., Beaune doit son nom au dieu gaulois *Belenos*. Résidence principale des ducs de Bourgogne, la cité devint un centre agricole important et un marché prospère retenant artisans du drap, de la pierre et du feu. Au XIVe s., Beaune s'enferma dans ses remparts et fut abandonnée des ducs de Bourgogne dorénavant installés à Dijon, où le parlement ne fut transféré que sous Louis XI. A la mort de Charles le Téméraire (1477), la ville résista à la France pendant cinq semaines puis subit l'annexion. La cité retrouva la paix et une certaine prospérité, quelque peu compromise par la révocation de l'Édit de Nantes qui condamna à l'exil les drapiers et tanneurs protestants, dont le rôle avait été important.

Beaune possédait de nombreux couvents ; les bâtiments monastiques, vendus pendant la Révolution, abritent aujourd'hui des administrations ou des installations de négociants en vins.

Son vignoble reconstitué après la crise provoquée par le phylloxéra, la capitale des vins de Bourgogne a diversifié ses activités en aménageant des zones industrielles hors les murs. Elle s'anime tous les ans (troisième dimanche de novembre) avec la célèbre vente aux enchères des Vins des Hospices de Beaune (l'Hôtel-Dieu et l'hospice de la Charité possèdent des vignes dispersées dans les meilleurs terroirs).

Hôtel-Dieu. Splendeur flamande échouée en pays vigneron, la somptueuse *maison des pauvres* fut fondée (1443), en pleine épidémie de peste, par Nicolas Rolin, chancelier richissime des grands ducs Jean sans Peur et Philippe le Bon. Confié à des religieuses, l'hospice accueillit des malades jusqu'au lendemain de la Seconde Guerre mondiale ; c'est aujourd'hui l'annexe musée d'un hôpital moderne.

Assez austère extérieurement, l'Hôtel-Dieu s'organise autour d'une magnifique cour d'honneur : bâtiments couverts par de vastes toits, hautes lucarnes aux épis de plomb, galerie de bois, vieux puits... Vernissées et multicolores, les tuiles forment un dessin géométrique selon une mode répandue en Bourgogne au XVe s.

Haute et ample nef s'achevant sur une chapelle, la *Chambre des pauvres* n'a guère changé depuis le Moyen Age, exception faite de la disposition des lits en bois (accueillant chacun deux malades, les anciens étaient tournés vers l'autel). Coiffée d'une superbe voûte de châtaignier en carène renversée, elle abrite un grand Christ aux liens du XVe s. en bois polychrome. Refaite dans le style du XVe s., une cloison en bois travaillé sépare la salle des malades de la chapelle, également restaurée au XIXe s. Sur le carrelage et les murs apparaît la devise *Seule*⭑, à traduire par *seule étoile :* un hommage du chancelier Rolin à Guigone de Salins, sa seconde épouse et étoile de sa vie...

Les *cuisines* conservent une broche automatique du XVIIe s., dans une superbe cheminée, et de beaux cuivres. Ouvrant sur la deuxième cour, *la pharmacie,* redécorée au XVIIIe s., aligne pots en faïence de Nevers, mortiers de bronze et étains.

Polyptyque. La visite guidée s'achève dans la salle Saint-Louis, débarrassée des lits de malades et transformée en musée. L'admirable *polyptyque du Jugement dernier,* qui ornait le maître-autel de la chapelle de la *Chambre des pauvres,* fut commandé à Roger Van der Weyden, dit Roger de la Pasture, par Nicolas Rolin dès 1443. C'est l'un des plus beaux ouvrages de la peinture flamande primitive avec l'*Agneau mystique* de Van Eyck. Les volets qui se refermaient sur le tryptique central ont été sciés dans leur épaisseur et dédoublés, ce qui permet de voir simultanément le retable sous ses aspects « ouvert et fermé ». Inspiré des tympans d'église, le pathétique Jugement dernier réunit de grands personnages de part et d'autre du Christ juge et de saint Michel pesant les âmes (parmi les membres de ce tribunal céleste, on croit reconnaître le chancelier Rolin et sa femme, le pape Eugène IV, Philippe le Bon). Sous l'éclatant registre supérieur, les morts ressuscités sont minuscules, les uns gagnent le paradis, les autres chutent en enfer.

Le musée présente également des meubles, la tenture à fond rouge qui décorait la Chambre des pauvres lors des fêtes solennelles au XVe s. et de belles suites de tapisseries du XVIe s.

Collégiale Notre-Dame. Un ample porche du XIVe s. décore la façade de Notre-Dame, église fort remaniée à l'époque gothique, mais gardant sa structure romane et restant un bel exemple d'art clunisien (l'intérieur

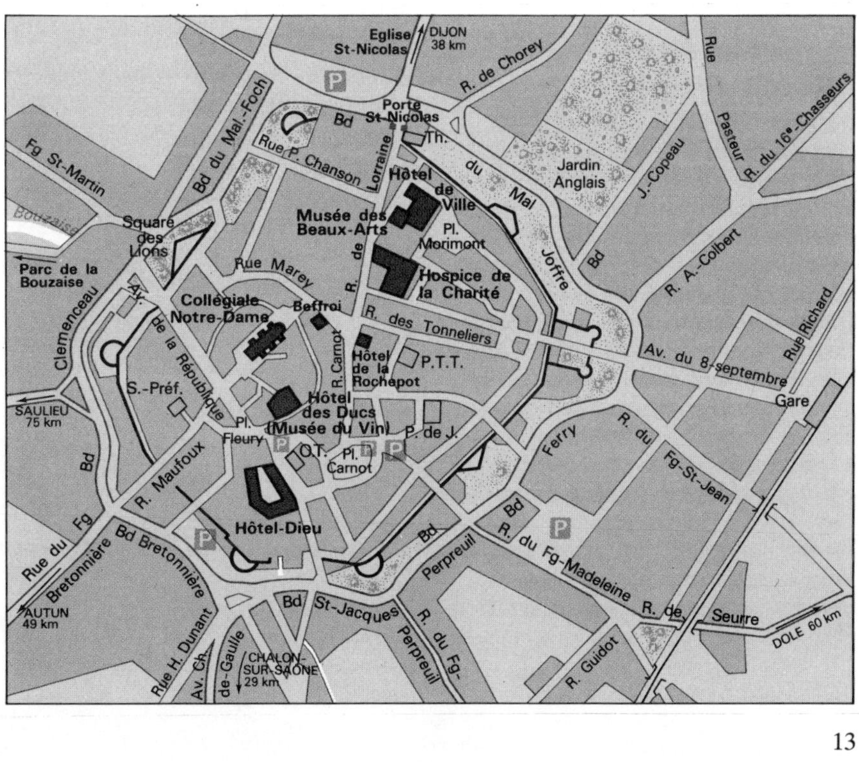

évoque la cathédrale Saint-Lazare d'Autun). Sans doute commencé au début du XIIe s., l'édifice était achevé pour l'essentiel au XIIIe s., mais l'incendie de 1273 provoqua des remaniements. Le porche fut élevé entre 1332 et 1348, les chapelles ouvertes aux XIVe et XVe s., voire au XVIe s. (chapelle de Bouton). Une importante restauration fut effectuée au cours des années 1860, sous la direction de Viollet-le-Duc. Les portails de la façade, martelés pendant la Révolution, conservent de beaux vitraux du XVe s. A l'angle droit se remarque l'ornementation Renaissance d'une chapelle fondée par le chanoine Jean-Baptiste de Bouton. La tour centrale carrée date des XIIe et XIIIe s., son dôme quadrangulaire à lanternon de la fin du XVIe s.

Intérieur. Le haut vaisseau principal est très sobre, seuls quelques chapiteaux du collatéral droit sont historiés ; la *chapelle de Bouton,* de ce côté, est aussi décorée à l'intérieur qu'à l'extérieur. Les fresques de la *chapelle Saint-Léger* (la deuxième du bas-côté gauche) représentent la Résurrection de Lazare dans leur partie la mieux conservée ; elles furent peintes en 1470-1473 par Pierre Spicre, peintre flamand attaché à la cour de Bourgogne. A gauche du maître-autel se dresse une fruste Vierge en majesté du XIIe s. d'inspiration auvergnate.

Tapisseries. Les cinq superbes panneaux des tapisseries de *la Vie de la Vierge* (vers 1500) enveloppent le chœur. Elles se composent de dix-neuf tableaux évoquant Marie, de sa naissance jusqu'à sa mort et son couronnement. Une porte du XIIe s., dans le transept droit, donne accès à une galerie de l'ancien cloître (XIIIe s.), sur laquelle s'ouvre la salle capitulaire.

Hôtel des ducs, musée du vin de Bourgogne. Devenu logis du roi après le rattachement de la Bourgogne à la France, l'Hôtel des ducs s'organise autour d'une cour irrégulière (XIVe, XVe et XVIe s.). Il abrite les collections d'un remarquable musée retraçant l'histoire de la vigne et du vin, de l'Antiquité au début du XXe s. La visite débute dans la *cuverie* du XIVe s. abritant d'énormes pressoirs (XVIIe et XIXe s.) ; elle s'achève dans la *salle de l'Ambassade des vins de France,* devant une tapisserie de Lurçat.

Le musée rassemble tous les instruments des vignerons d'antan, mais aussi de très belles collections de verres, de pichets et de bouteilles.

Musée des Beaux-Arts. *Hôtel de ville.* Installé dans la chapelle et l'aile droite de l'ancien couvent des Ursulines, fondé en 1697, ce musée réunit de nombreuses peintures, notamment celles de Félix Ziem (1821-1911), enfant du pays influencé par les impressionnistes. Présentant des souvenirs de la vieille ville et des trouvailles archéologiques faites dans le sud de la Côte-d'Or, il comprend également une *salle Étienne Jules Marey* (1830-1904), médecin et physiologiste d'origine beaunoise qui mit au point la chronophotographie (1882), grande étape vers la cinématographie.

La place Monge occupe l'emplacement de l'ancien *hôtel de ville,* détruit en 1790. La statue, par Rude, du géomètre beaunois Gaspard Monge (1746-1818), regarde plusieurs hôtels Renaissance. Au n° 9, l'*hôtel de la Rochepot* fut construit vers 1522 par le drapier Jean Pétral (façade gothique, cours Renaissance). Le haut beffroi, dont la base remonte au XIIIe s., date essentiellement de la fin du XIVe s. Il abrite une cloche de 1407. La rue de Lorraine est bordée de plusieurs beaux hôtels à façades plus ou moins ornementées, du XVIe au XVIIIe s. Dans son prolongement, la route de Dijon fait découvrir l'*église Saint-Nicolas* (XIIIe s.), édifice dont le porche (XVe s.) en charpente possède un beau portail roman.

Visite des caves. Les caves les plus pittoresques et les mieux situées n'hébergent pas obligatoirement les meilleures bouteilles (voir p. 8), mais quelques celliers valent d'être visités pour leur décor. L'Office du tourisme propose une liste des établissements recevant des visiteurs ainsi que leurs heures d'ouverture.

Environs. L'ample vignoble de la *Côte de Beaune* s'étend au nord et surtout au sud-ouest de la « capitale des vins de Bourgogne ». Omniprésente, la vigne ondule sur des pentes ensoleillées, striées d'interminables murettes, *murgers,* limitant les parcelles. Les gros bourgs ramassés, aux solides demeures cossues en pierre, portent des noms qui sont aussi ceux de grands vins.

Savigny-lès-Beaune. *5 km nord-est.* L'ex-*Saniniacum* se niche dans la verdure, à l'entrée de la tranquille vallée de la « Fontaine froide ». Construit au XIVe s., le *château,* isolé à la lisière du village, fut très remanié au XVIIe s. par la famille Bouhier. Passé d'un propriétaire à l'autre, il servit de résidence forcée, en 1719, à la duchesse du Maine, exilée par le Régent. Ses communs portent le nom de *petit château.* Un beau clocher du XIe s. domine l'hétéroclite *église Saint-Cassien :* chœur, chapelles et fresques du XVe s., nef et bas-côtés du XVIIIe s. Derrière un curieux mur, rue Sœur-Goby, se dresse une élégante folie, le *manoir de Nicolay.*

Pommard. *4 km sud.* Cette grosse localité d'une certaine coquetterie groupe ses belles maisons autour d'une sévère église commencée en 1756-1757 (intéressantes boiseries du XVIIIe s., volet peint du XVIe s. figurant une Vierge de Douleur).

Volnay. *5 km sud.* Campé au flanc d'un coteau ensoleillé totalement envahi par le vignoble, ce charmant village possède une église du XIIIe s. La statue de *Notre-Dame-des-Vignes* fait l'objet d'un pèlerinage après les vendanges et la vinification.

Auxey-Duresses. *9 km sud-ouest.* A l'orée d'une ravissante vallée, ce village est dominé par une église abritant un triptyque du XVIe s., belle Nativité de la Vierge.

Meursault. *9 km sud.* La capitale des grands vins blancs bourguignons est signalée par la flèche gothique d'une église trapue. A l'entrée de l'agglomération se voient les vestiges d'une ancienne léproserie. A 4 km au sud environ, deux autres villages viticoles célèbres : *Puligny-Montrachet* et *Chassagne-Montrachet.*

Santenay. VOIR CE NOM.

Berzé-la-Ville

71960 Pierreclos, Saône-et-Loire. 11 km Cluny.

Retraite favorite de saint Hugues, Berzé était une obédience rurale de Cluny. Le grand abbé fit reconstruire sur une éminence l'ancienne chapelle prieurale détruite par la foudre vers 1105. Cet oratoire assez humble, aux murs festonnés d'arcatures, abrite d'éblouissantes peintures à fond bleu

prouvant la virtuosité des artistes clunisiens, influencés par l'art byzantin. Les compositions de la nef n'ont pas résisté au temps, mais celles du sanctuaire — protégées par les badigeons qui la recouvraient jusqu'au XIXe s. — ont gardé toute leur intensité et une extraordinaire fraîcheur. Permettant d'imaginer la parure peinte de Cluny III, les fresques de l'abside montrent un très grand *Christ en majesté* bénissant les apôtres. De part et d'autre, sous deux arcatures, sont représentés le *martyre de saint Laurent* et la *légende de saint Blaise.* Sous les fenêtres, des groupes de saints et de martyrs apparaissent dans des draperies simulées.
Ancienne résidence campagnarde des élèves de l'abbaye de Cluny, le *château des Moines* a été transformé en ferme (bâtiments de 1740).

Environs. Berzé-le-Châtel. *5 km nord.* Veillant les maisons de vignerons et les fermes, ce puissant château féodal fut le siège d'une très vieille baronnie du Mâconnais ; il protégeait l'accès méridional de Cluny.

Blanot. *10 km nord-est.* Construit au pied du *mont Saint-Romain,* ce petit village médiéval serre ses vieilles maisons en lave autour d'une église du XIIe s. intégrée à un ancien prieuré clunisien (XIe-XVe s.). Au nord, les *grottes de Blanot* furent explorées pour la première fois en 1739. Ce bel ensemble souterrain, aménagé pour la visite, offre le surprenant spectacle d'une vingtaine de salles et de belles concrétions.

Grottes d'Azé. *12 km est.* Un lac et une rivière rendent encore plus étrange cet univers souterrain où l'on a découvert récemment une *nécropole* d'ours des cavernes. Un petit *musée* rassemble des collections préhistorique, gallo-romaine et mérovingienne.

Bourbon-Lancy

71140 Saône-et-Loire. 62 km Autun.

Dominant les plaines du Bourbonnais et la vallée de la Loire, Bourbon-Lancy se partage en deux secteurs bien différents. Le *quartier thermal,* flanqué d'un superbe parc ombragé, exploite des eaux dont les vertus médicinales étaient déjà connues des Gaulois et des Romains ; cinq sources principales soulagent les rhumatismes et certaines affections cardio-vasculaires. La vieille ville commence à la *tour de l'Horloge* (beffroi, ancienne porte fortifiée) et forme un ensemble très pittoresque.

L'*église Saint-Nazaire* remonte aux XIe et XIIe s. ; cette dépendance d'un prieuré fondé par Ancel de Bourbon abrite aujourd'hui un petit *musée* local. Créé au XIXe s. par la famille d'Aligre, l'*hospice* possède une chapelle où trône une belle chaire sculptée offerte par Louis XIV à un ancêtre des fondateurs.
La petite ville s'est industrialisée avec l'implantation d'une usine de matériel agricole.

Ternant. *20 km nord.* La modeste église de ce petit village sert d'écrin à deux magnifiques triptyques flamands du XVe s. Ils furent offerts à la paroisse, entre 1432 et 1435, par le baron Philippe de Ternant, chambellan de Philippe le Bon.
S'ouvrant par de somptueux volets peints, le *grand triptyque* conte la Passion du Christ. Tout en bois sculpté polychrome, il est centré sur la mort de Jésus, entouré de la Vierge, de nombreux saints et saintes, du donateur et de sa femme (tous deux agenouillés). Traité avec encore plus de finesse, le *petit triptyque* est dédié à la Vierge. Les remarquables peintures des volets évoquent l'Annonciation, le Couronnement, les funérailles de Marie.

Brancion

71700 Saône-et-Loire. 15 km Tournus.

Charmant nid d'aigle fleuri du Tournugeois, Brancion accroche ses vieilles maisons (certaines du XVe s.) au pied d'une église consacrée en 1150. D'un équilibre et d'un dépouillement attestant l'influence cistercienne, l'édifice possède des fresques de 1325-1330 et le gisant de Josserand de Brancion (compagnon de saint Louis), de 1250.
Les vestiges fort impressionnants du château au gros donjon restauré datent des Xe (fondations), XIVe et XVe s.

Environs. Chapaize. *5 km ouest.* Un grand et superbe clocher orné d'arcatures lombardes signale la petite commune de Chapaize. Faisant partie d'un monastère bénédictin détruit, l'*église Saint-Martin* remonte à la fin du Xe s. Le chevet du XIIe s. abrite un maître-autel provenant de l'ancienne abbatiale de Cluny.

Brionnais (églises du)

Entre Paray-le-Monial et Charlieu, le petit Brionnais est l'une des plus charmantes régions de Bourgogne occidentale. Mamelonnée, calme et paisible, très verte, offrant cent panoramas, elle est semée de nombreuses églises romanes originales et d'une particulière qualité architecturale. Cette floraison s'explique en grande partie par la présence sur place de beaux calcaires tendres, par l'influence de Cluny, de l'Auvergne et des pays ligériens, mais les historiens s'interrogent toujours sur l'élan qui amena l'éclosion et la maturation du foyer brionnais.

Montceaux-l'Étoile. *7,5-km sud-est de Paray-le-Monial.* Humble église du XIIe s. avec un très beau portail sculpté vers 1120 ; charmante chapelle adjacente du XVIIIe s.

Anzy-le-Duc. *11 km sud de Montceaux-l'Étoile.* Grand sanctuaire du Brionnais évoquant l'abbatiale détruite de Charlieu, l'église date essentiellement des XIe et XIIe s. Dominée par une très belle tour octogonale de croisée, elle possède un fort remarquable décor sculpté (portails, modillons des corniches, chapiteaux du chœur et de la nef) et des fresques romanes restaurées.

Marcigny. *24 km sud-est de Paray-le-Monial.* Ce petit village conserve de nombreuses demeures anciennes, notamment l'ensemble en bois des XVe et XVIe s. autour de la place de la Halle, et l'imposant hôtel (XVIIIe s.) des Cudel de Montcolon. D'origine romane, l'église a été très remaniée. Dans l'imposante maison du XVe s., dite *la tour du Moulin* (ex-dépendance du prieuré des Dames bénédictines) a été aménagé un intéressant *musée d'art régional et d'histoire locale.* Il présente notamment des sculptures et de belles faïences de provenances diverses.

Semur-en-Brionnais. *5 km sud-est de Marcigny.* Accroché à une hauteur envahie par la vigne et les arbres fruitiers, cette cité ancienne est dominée par le château restauré au gros donjon rectangulaire (IXe s.) où naquit saint Hugues. Ancienne collégiale dressée devant le charmant Hôtel de Ville du XVIIIe s., la belle *église Saint-Hilaire* date de 1125 environ pour le transept à coupoles de croisée, le chœur et les absides ; la nef à étagement clunisien est plus tardive, ainsi que la partie supérieure du clocher octogonal. Richement orné, le portail ouest est agrémenté d'un tympan représentant le Christ en majesté et la légende de saint Hilaire.

Iguerande. *9 km sud de Semur.* Sur une colline panoramique, la robuste église Saint-André (ancienne dépendance du prieuré de Marcigny) date essentiellement de la fin du XIe s., la coupole de croisée et le chœur sont plus anciens.

Autres églises romanes de la région : *Bois-Sainte-Marie* (très restaurée au siècle dernier) ; *Châteauneuf* (fin de la période romane, près d'un château, dans la verdure) ; *Perrecy-les-Forges* (XIIe s., ancienne dépendance de Saint-Benoît-sur-Loire, sculptures) ; *Saint-Germain-en-Brionnais* (vers 1100, gisant du XIIe s.) ; *Saint-Laurent-en-Brionnais* (clocher) ; *Varenne-l'Arconce* (fin XIe s.).

Bussière-sur-Ouche (La)

21360 Côte-d'Or. 33 km Dijon

Le village possède une assez belle *église* romane, restaurée et amputée de deux travées au XIXe s. Cette ancienne abbatiale cistercienne fut élevée entre 1140 et 1172 pour l'essentiel, mais les travaux se poursuivirent jusqu'au XIIIe s. (seconde travée du chœur). Elle renferme de nombreuses pierres tombales, des gisants, des panneaux peints du XVIIe s. Les grands bâtiments (XIIIe s.) de l'*abbaye Notre-Dame-de-la-Paix,* restaurés et agrandis, conservent des parties anciennes (vaste cellier notamment).

Bussy-Rabutin (Château de)

21500 Côte-d'Or. 20 km Montbard.

Caché dans la verdure, à flanc de colline, ce château élégant reflète les rêves et les hargnes d'un curieux personnage du XVIIe s., Roger de Rabutin comte de Bussy (1618-1693). Exilé dans ses terres bourguignonnes à la suite du scandale provoqué par la diffusion clandestine de sa très indiscrète *Histoire amoureuse des Gaules,* cet ex-soldat écrivain se consola d'être chassé de la Cour en décorant de façon délirante l'édifice composite dont il avait hérité (la forteresse rébarbative fut agrandie et embellie aux XVIe et XVIIe s.).
Le courtisan libertin inspira aux artistes les invraisemblables peintures sur bois du *Cabinet des devises,* œuvres parfois énigmatiques, évoquant sa vie et dénonçant la frivolité de ses ex-maîtresses ; il fit orner les lambris de cette pièce des vues de châteaux, montrant dans le détail leur aspect d'alors. A l'étage noble, le *Salon des grands hommes de guerre* réunit les portraits de soixante-cinq officiers célèbres, parmi lesquels Bussy-Rabutin figure sans vergogne. La luxueuse *chambre du comte* est ornée des portraits des dames de la Cour et de la comtesse. Bussy-Rabutin apparaît encore avantageusement dans la *salle de la Tour dorée,* en compagnie de Louis XIII et Louis XIV, de quelques grands personnages et des belles de l'époque.

Le proche et panoramique village de *Bussy-le-Grand,* patrie de Junot, possède une église romane du XIIe s. dont le chevet fut refait au XVIIIe s.

Chablis

89800 Yonne. 20 km Auxerre.

La petite ville dont le nom est synonyme de « vin blanc sec et vif » étend ses vieilles maisons basses et fleuries le long du Serein, rivière lèchant des coteaux plantés de vigne.

Église Saint-Martin. Dépendance d'un monastère fondé au IXe s. par des religieux tourangeaux apportant les reliques de saint Martin, cette ancienne collégiale remonte au XIIIe s. Roman, le portail latéral de droite est recouvert d'ex-voto (fer à cheval dédié à saint Martin). Le portail ouest a été remanié au XVIIe s.

Chagny

71150 Saône-et-Loire. 16 km Chalon ou Beaune.

Frôlée par le canal du Centre, la petite ville industrielle et commerçante sur la Dheune est devenue l'une des grandes étapes gastronomiques bourguignonnes grâce à la famille Lameloise. L'église à nef romane est dominée par une tour harmonieuse du XIIe s.

Environs. Rully. *4 km sud.* Ce paisible bourg aux solides maisons de pierre possède une église du XIVe s. très restaurée et un ancien prieuré ravissant. Veillant ses vignes et se détachant sur fond de verdure, le château d'allure médiévale date essentiellement du XVe s. Les vestiges d'un *camp de César* ont été découverts près des grottes d'Agneux.

Mercurey. *12 km sud.* Pratiquement jumelé avec *Bourgneuf,* Mercurey vit essentiellement de la vigne. Au sud, la *vallée des Vaux,* tracée par la petite Orbise, est semée d'une succession de villages viticoles, de beaux panoramas s'offrent ici et là.

Givry. *15 km sud.* Petit village vigneron de caractère, Givry possède d'adorables halles rondes surmontées d'un coq, des fontaines, une porte monumentale de 1771 et de vieilles demeures pleines de charme. L'insolite *église Saint-Pierre et Saint-Paul* fut dessinée par Émile Gauthey, ingénieur chalonnais qui construisit le canal du Centre. Coiffé de dômes et de coupoles, cet édifice « à la Soufflot », fut commencé en 1773 et achevé en pleine Révolution. Les vignes vêtant la colline produisent un vin qui connut tôt une certaine célébrité : Henri IV le compta parmi ses préférés.

Buxy. *10 km sud de Givry.* Dans une belle région viticole, le gros bourg commerçant s'étale à flanc de coteau ; église partiellement romane, vieille *Tour rouge* recouverte de lierre.

Chalon-sur-Saône

71100 Saône-et-Loire. 70 km Dijon.

Cernée par des zones résidentielles et industrielles modernes, Chalon arrondit ses quais devant la Saône qui enlace deux îles. Cette cité vivante et dynamique a une origine très ancienne puisque ce fut le port le plus actif des Gaulois éduens qui règnaient sur le Morvan. Devenue française avec la Bourgogne, elle dut beaucoup de son expansion au *canal du Centre* creusé de 1783 à 1792 à l'instigation de l'ingénieur chalonnais Gauthey.

Vieux Chalon. La ville au cachet médiéval a retrouvé son charme avec les aménagements piétonniers (belles demeures anciennes rue du Châteler, rue et place Saint-Vincent). Ce quartier semé de maisons à colombage s'étend au pied de la déconcertante *église Saint-Vincent,* ancienne cathédrale dotée au siècle dernier d'une surprenante façade néo-gothique. Cet édifice composite date des XIe et XIIe s. pour ses parties les plus anciennes, mais a été remanié et agrandi aux XIVe, XVe et XVIe s. Les chapelles du bas-côté droit sont fermées par d'étonnantes clôtures en pierre ; à l'entrée du cloître du XVe s., une chapelle abrite une belle tapisserie du début du XVIe s.

Musée Denon. Installé dans un couvent des ursulines du XVIIIe s. (auquel fut rajoutée au siècle dernier une façade néo-classique), ce riche musée porte le nom du chalonnais Vivant Denon. Ce personnage éclectique, graveur, pionnier de l'égyptologie, organisateur du musée du Louvre, fut un protégé de Napoléon Ier. Parmi les collections très variées : l'important produit des fouilles effectuées dans la région et des recherches dans la Saône, des armes et des bijoux mérovingiens, les panneaux du beau retable de saint Blaise (vers 1500) et de nombreuses peintures (*Triomphe d'Amphitrite* par Luca Giordano, portrait d'un *Noir* par Théodore Géricault entre autres).

Musée de la photographie. Chalon est la ville natale de Joseph Nicéphore Niepce, père de la photographie ; il naquit en 1765 rue de l'Oratoire. Vedette de ce musée installé dans l'*Hôtel des Messageries* (XVIIIe s.), le génial inventeur est évoqué à travers mille souvenirs, dont les premiers appareils qu'il fabriqua avec son frère Claude et ses premières héliographies. Belles collections d'images et de matériels anciens. L'*Association des photographes professionnels du vieux continent* (Euro-Phot) a son siège dans ce musée fondé en 1972.

La statue de Nicéphore Niepce se dresse sur la *place du Port-Villiers,* où les premiers voyageurs ferroviaires descendaient du train pour poursuivre leur itinéraire en bateau. En bordure du *quai de la Messagerie* s'alignent de belles façades du XVIIIe s. Les *quais de la Poterne* et *Sainte-Marie* prolongent la promenade de bord de Saône jusqu'au grand centre nautique.

Ile Saint-Laurent. Fondé sur l'île en 1528, l'*hôpital* a conservé une ravissante pharmacie Louis XVI (visite le samedi après-midi) ; une chapelle Renaissance abrite une Piéta de 1480 et de belles boiseries. Remontée à la pointe de l'île en 1928, la *tour du Doyenné* était une tourelle d'escalier du vieux Chalon.

La Charité-sur-Loire

58400 Nièvre. 52 km Nevers.

Un vieux pont en dos d'âne du XVIe s. enjambe la Loire, près de laquelle se dresse une attachante abbatiale fantôme. Fondé par Cluny au XIe s., le monastère de la Charité-sur-Loire compta quelque deux cents moines et régna sur une cinquantaine de filiales. Il fut une grande étape d'une des routes de Compostelle. Il souffrit beaucoup des guerres de Religion, déclina sous le régime de la Commende et fut abandonné à la Révolution.

Abbatiale. L'église demeurant si ample malgré les mutilations fut longuement délaissée. Victor Hugo écrivit : « A la Charité-sur-Loire, près de Bourges, il y a une église romane qui, par l'immensité de son enceinte et la richesse de son architecture, rivaliserait avec les plus célèbres cathédrales d'Europe ; mais elle est à demi ruinée. Elle tombe pierre à pierre, aussi inconnue que les pagodes orientales dans leur désert de sable. »
Jadis plus grande église de France, après Cluny, *Notre-Dame-de-la-Charité* a été construite en plusieurs campagnes à la fin du XIe s. et dans les premières décennies du XIIe s. Elle fut ravagée par des incendies aux XIIIe et XIVe s. Ruinée, la nef ne devait pas être relevée par les restaurateurs du XVIIe s. qui se contentèrent de constituer une église croupion avec les quatre travées restantes, le transept et le chœur.
L'édifice apparaît donc coupé en deux : la tour romane et le portail principal de l'ancienne façade sont séparés de l'église actuelle par la pittoresque petite place Sainte-Croix occupant l'emplacement de la nef. Au pied de la tour subsiste le remarquable *tympan* d'un portail muré : il pourrait figurer le Christ accueillant l'ordre de Cluny présenté par la Vierge (ce chef-d'œuvre roman donne lieu à diverses interprétations).
L'édifice actuel unit un transept d'imposantes dimensions, un arc triomphal majestueux, un magnifique chœur roman, un déambulatoire desservant cinq chapelles rayonnantes ; la luxuriante ornementation des chapiteaux marie les motifs les plus divers.
Les vitraux modernes sont de Max Ingrand.
Au chevet de Notre-Dame, des fouilles ont mis au jour les vestiges d'une modeste église du XIe s.

Charlieu

42190 Loire. 78 km Mâcon.

« Il n'y a qu'un soleil, il n'y a qu'un Charlieu », proclame un dicton local. Cette petite ville fleurie, riche de monuments anciens et de demeures vénérables (maison des Armagnacs des XIIIe et XVe s.), se situe à la lisière de l'industrieux Roannais et du Brionnais semé d'églises romanes. Cité commerçante qu'animent des foires au bétail, centre important du tissage de la soie et de la bonneterie, Charlieu grandit autour d'un monastère qui adopta en 932 la règle clunisienne. Son nom dérive de *carus locus* (« cher lieu »).

Abbaye bénédictine. Fondée en 872, jadis enfermée dans une enceinte distincte de celle de la ville (tour Philippe-Auguste, XIIe s.), l'abbaye a conservé divers bâtiments conventuels et un très beau cloître des XIe et XVe s., où sont organisés des expositions et concerts. Des vestiges des différentes églises construites à cet emplacement a été sauvé un grand portail orné d'un superbe *narthex* du XIIe s. abondamment sculpté par un ciseau anonyme ; un artiste visionnaire orna le tympan de scènes étourdissantes de vie (Miracle des Noces de Cana, Ascension représentée en deux registres, entre autres).

Église Saint-Philibert. Entourée de vieilles maisons, l'église paroissiale Saint-Philibert (XIIIe s.) abrite une curieuse chaire hexagonale, des stalles peintes (des XVe-XVIe s.), une belle Vierge noire médiévale et une Vierge polychrome du XVIIe s. dans la chapelle Saint-Crépin.

Face à l'*Hôtel de Ville* installé dans des bâtiments du XVIIIe s. (tapisseries d'Aubusson), l'*hôpital* construit en 1680 possède une chapelle dont le maître-autel doré de style Louis XIV est garni de cuir de Cordoue.

A la lisière de Charlieu, sur la commune de *Saint-Nizier,* le *couvent des Cordeliers,* remonte à la fin du XIIIe s. Son grand cloître harmonieux des XIVe et XVe s. fut classé in extremis par l'État alors qu'on commençait de déposer la toiture. Les galeries sont ornées de motifs végétaux auxquels se mêlent des personnages grotesques et des animaux. L'église conventuelle à nef unique, essentiellement de la fin du XIVe s., sert aujourd'hui de salle de concerts.

Environs. Saint-Julien-de-Jonzy. *12 km nord.* Cette localité brionnaise possède une ravissante église romane du XIIe s. flanquée d'un clocher carré et s'ouvrant par un magnifique portail. Exécutées dans un beau bloc de grès, les sculptures — très mutilées — du tympan et du linteau évoquent celles de Charlieu. Beaux chapiteaux à l'intérieur.

Charolles

71120 Saône-et-Loire. 38 km Cluny.

Charolles commande une belle région de collines douces recouvertes de bruyères et de gras herbages où ruminent les célèbres bœufs clairs, spectaculaires bêtes à viande dodues à l'œil pensif. Les *charolais* sont engraissés dans les prairies jusqu'à l'âge de trois ans et demi et peuvent atteindre 700 kilos. D'avril à décembre se succèdent des grands marchés (notamment à Charolles et Saint-Christophe-en-Brionnais) où les éleveurs présentent la partie la plus charnue de leurs animaux aux acheteurs, spectacle... surprenant !
Au confluent de la Semence et de l'Arconce, l'ancienne capitale du puissant comté du Charolais (ou Charollais) est dominée par le *château-mairie.* Une voûte donne accès au beau jardin municipal flanqué d'une tour médiévale. *Place des Quatre-Marmoins* se trouve le couvent où Marguerite-Marie Alacoque fit sa première communion (VOIR PARAY-LE-MONIAL). Près de la mairie, le *musée Jean-Laronze,* désuet et délabré, présente l'œuvre assez niaise de Laronze et quelques silex du néolithique et du paléolithique.

Château-Chinon

58120 Nièvre. 37 km Avallon.

Campée au rebord d'un plateau séparant les bassins de la Loire et de la Seine, la capitale méridionale du Morvan occupe un site magnifique d'où l'on rayonne facilement dans une région séduisante, quelque peu méconnue. Ce belvédère, véritable forteresse naturelle, fut occupé par un oppidum gaulois, puis par un camp romain et un château féodal qui donna son nom à la ville. La *porte Notre-Dame* est le seul vestige des fortifications démantelées sur l'ordre de Louis XI.
Élevé au point culminant de la commune, le *Calvaire* aux trois croix de pierre calcaire offre une vue magnifique sur les pâturages verdoyants et les moutonnements boisés (table d'orientation). Une route à flanc de coteau fait le tour de la colline.

Musée d'art et traditions populaires. Dans le petit *hôtel de Buteau Ravisy,* ce musée réunit des souvenirs de la vie morvandelle d'hier, des meubles régionaux et des costumes du XVIIIe au XXe s.

Châteauneuf

21320 Pouilly-en-Auxois, Côte-d'Or. 42 km Dijon.

Veillant maintenant le carrefour de l'autoroute... et du *canal de Bourgogne* jalonné de peupliers, Châteauneuf commandait jadis la route de Dijon à Autun. La forteresse et le bourg ont grande allure vus de la plaine et commandent un panorama étonnant. Neuf au XIIe s., le château subit d'importants remaniements entre 1460 et 1493. Un pont-levis flanqué de deux grosses tours rondes donne accès à la cour intérieure. Le charmant corps de logis gothique est toujours protégé par des fossés et des murailles épaisses. Partiellement ceinturé par ses remparts, le village dépeuplé est très pittoresque avec ses vieilles demeures (XIVe au XVIIe s.), ses halles et ses ruelles étroites.

Château de Commarin. *6 km nord.* Sentinelles d'un autre âge, deux tours trapues du XIVe s. protègent les ailes (XVIIe et XVIIIe s.) de ce séduisant château que reflète l'eau dormante de larges douves. Mariant diverses époques avec harmonie, l'édifice aux combles élancés à la française est nettement marqué par une restauration intervenue en 1702 (corps de logis). A l'intérieur, les meubles et la décoration n'ont pas bougé depuis 1750 ; belles tapisseries du XVIe s., petite chapelle gothique.

Châtillon-sur-Seine

21400 Côte-d'Or. 83 km Dijon.

Ville bourguignonne face à la Champagne, Châtillon est enlacée par les bras de la jeune Seine. Aujourd'hui réunies par un quartier central gentiment quelconque, les deux cités anciennes du Bourg (qui dépendait de l'évêque de Langres) et de Chaumont (qui appartenait au duc de Bourgogne) ont oublié leur rivalité. Perchée sur une colline, l'*église Saint Vorles* remonte au XIe s. et fut maintes fois remaniée. De style roman primitif, l'édifice abrite des peintures sur bois du XVIe s. et une pathétique Mise au tombeau Renaissance. L'*église Saint-Nicolas,* essentiellement du XIIe s., évoque Fontenay, mais a été agrandie et dotée de beaux vitraux au XVIe s.

Musée et trésor de Vix. Installé dans une élégante demeure Renaissance miraculeusement épargnée par la dernière guerre, le musée de Châtillon présente de passionnantes collections gallo-romaines (statuaires, innombrables objets quotidiens). Elles sont quelque peu éclipsées par le fabuleux *trésor de Vix* découvert en 1953 au mont Lassois, butte isolée au pied de laquelle s'élève le petit village de Vix (7 km nord-ouest de Châtillon). Un infime exhaussement dénonçant la présence d'un tumulus arasé, des fouilles furent entreprises et mirent au jour une chambre funéraire : le plafond s'était effondré, mais la tombe n'avait jamais été profanée. Aménagée vers 500 av. J.-C., elle abritait le squelette d'une princesse inhumée avec tous ses bijoux, les restes d'un char, divers objets et le fantastique *vase de Vix.* Énorme cratère haut de 1,64 m, pesant plus de 200 kg, ce chef-d'œuvre de chaudronnerie merveilleusement décoré fut très probablement réalisé par des bronziers établis dans les colonies grecques d'Italie du Sud. Témoin d'une très ancienne activité commerciale, le vase géant trône au milieu d'une salle, escorté des objets trouvés dans la chambre princière.

Source de la Douix. La source vauclusienne de la Douix jaillit dans un site ravissant, au pied d'un haut rocher portant une agréable promenade.

Cîteaux

21 Côte-d'Or. 22 km Dijon.

Au milieu des chênes, des charmes et des hêtres se dressent les bâtiments pour la plupart modernes, de la célèbre abbaye fondée par saint Bernard en 1112 (VOIR INTRODUCTION). Devant son nom aux roseaux, *cistels,* bordant un étang proche, Cîteaux fut un chef d'ordre considérable quelque peu rival de Cluny. Le monastère imposa sa sévère réforme en créant plus de mille abbayes en Europe et jusqu'en Palestine (en France, entre autres : Clairvaux, Fontenay, Pontigny, Morimond, La Ferté-sur-Grosne). Dissout en 1790, l'ordre fut restauré à la fin du XIXe s. ; aujourd'hui une centaine de moines vivent et travaillent dans le monastère, qui ne se visite pas.
L'ancienne église abritait les mausolées de la première dynastie ducale de Bourgogne ; entièrement détruite, elle a été remplacée par une chapelle moderne sans caractère. Sur la façade de briques émaillées de l'ex-bibliothèque (XVe s.) se voient les traces du cloître gothique.

Clamecy

58500 Nièvre. 43 km Auxerre.

Important port de flottage quand le bois du Morvan chauffait les Parisiens, Clamecy est la patrie de l'écrivain Romain Rolland, prix Nobel en 1915. Il se souvint toute sa vie de la « ville aux beaux reflets et aux simples collines » où il est né en 1866.
Arrosée par le Beuvron, l'Yonne et le canal du Nivernais, la cité agréablement vieillotte conserve ses ruelles étroites et tortueuses dont les maisons à encorbellement, colombage et tourelles sont couvertes de tuiles patinées. Sur le *pont Bethléem,* la *statue du flotteur* (1949) accueille les touristes et commémore le quatrième centenaire du flottage tenté pour la première fois au XVIe s. par Gilles Deffroissez. Après avoir été marquées par leur propriétaire, les bûches coupées dans les forêts du Morvan étaient jetées dans les flots qui les charriaient de barrage en barrage. Rassemblé en radeaux, le bois était porté par l'Yonne et la Seine vers Montereau et Paris. Le dernier « train » de bois quitta Clamecy en 1923.

L'*église Saint-Martin* date essentiellement des XIIIe et XIVe s. ; la façade et la tour carrée, du début du XVIe s., sont décorées avec luxuriance. A chevet plat et dépourvu de transept, l'édifice est coupé par un jubé rétabli par Viollet-le-Duc. Remplaçant celui qui fut détruit pendant la Révolution, il consolide les deux piliers qui s'écartaient.

Près de l'église, l'hôtel de ville a été construit sur les caves de l'ancien château médiéval des ducs de Nevers rasé au début du XIXe s. Installé dans l'élégant hôtel (XVIe s.) du duc de Bellegarde, le *musée* évoque l'histoire du flottage du bois et réunit de belles collections de faïences et d'assiettes révolutionnaires.

Cluny

71250 Saône-et-Loire. 52 km Châlon-sur-Saône.

La petite ville de Cluny, jadis ceinte de remparts, se serre autour des ruines illustres dans un bassin verdoyant de la Grosne. Ancien « phare de la chrétienté », le monumental clocher de l'Eau-Bénite est un mémorial de la foi et de l'art du Moyen Age, mais aussi du vandalisme et de la sottise : il surplombe la carcasse d'une immense église, édifice admirable qui fut systématiquement démembré. La Révolution avait privé de vie le célèbre monastère (depuis longtemps agonisant d'ailleurs) sans martyriser l'abbatiale, l'Empire le dévasta. Vendus comme bien national, les bâtiments furent abattus après la tourmente, puis utilisés comme carrière de pierre jusqu'en 1823. Malgré les protestations de Chaptal, ministre de l'Intérieur sous le Consulat, les démolisseurs conduisirent méthodiquement le massacre. En 1944, les bombardements faillirent anéantir les derniers témoignages de la merveille disparue ; une trentaine de maisons furent détruites dans la ville.

Histoire. « Mère de la civilisation occidentale » selon Viollet-le-Duc, monastère dont les grands abbés furent des saints, Cluny naquit en 910 : Guillaume le Pieux, duc d'Aquitaine, comte d'Auvergne, de Velay et de Mâcon, avait offert un domaine boisé à une poignée de moines suivant la règle de saint Benoît ; ils arrivaient du Jura et étaient conduits par le sage *Bernon.*
Une clause de la donation prévoyait que l'abbaye de Cluny serait exempte de toute sujétion, si ce n'est à l'égard du Saint-Siège ; une autre précisait que les moines auraient la licence d'élire leurs abbés sans tenir compte d'interventions extérieures. C'est à ces abbés que Cluny dut son prodigieux rayonnement et sa puissance.
La gloire de l'abbaye s'épanouit donc dès le Xe s. avec *saint Odon,* successeur de saint Bernon, personnage à la fois diplomatique et ascétique. Suivirent *saint Aymard, saint Mayeul, saint Odilon, saint Hugues* et *Pierre le Vénérable,* dernier grand abbé (mort en 1156) qui laissa l'abbaye dans un état de prospérité inouïe. Cluny à l'apogée devint pratiquement le centre de l'Église aux XIe et XIIe s. Les affiliations se succédant, elle règna sur d'innombrables monastères disséminés à travers l'Europe. De cette époque naquit le style clunisien qui marqua l'architecture romane bourguignonne (Paray-le-Monial, Autun, Beaune, chapiteaux de Vézelay, la Charité-sur-Loire, Semur-en-Brionnais et beaucoup de petites églises).
L'abbatiale unissait la puissance temporelle à l'autorité spirituelle (« Partout où le vent vente, l'abbé de Cluny prend des rentes. »). Les religieux conseillaient les pontifs et les rois, certains devenaient papes (Grégoire VII, Urbain II, Pascal II). Cette vie fastueuse révolta saint Bernard qui la condamna ainsi : « la lumière brille-t-elle que si elle est dans un candélabre d'or ou d'argent ? ». Le déclin commença à la fin du XIIe s., s'accentua plus tard avec le nouveau régime de la commende imposant que l'abbé, jusque-là élu par les moines, fut désormais choisi par le pouvoir

royal. Du XVIe au XVIIe s., les maîtres de Cluny (Richelieu, le prince de Conti, Mazarin, le cardinal Bouillon) préféraient vivre à Paris et ne venaient à Cluny que pour les solennités. Le dernier abbé fut le cardinal Dominique de la Rochefoucauld, archevêque de Rouen. L'abbaye fut fermée en 1790 et vendue comme bien national en 1798.

Abbatiale. Cluny donne à rêver plus qu'à voir, l'abbatiale n'étant plus qu'un fantôme de pierre, mais les vestiges sont grandioses et significatifs. Les archéologues appellent *Cluny I* la première chapelle (rasée) du début du Xe s., remplacée à la fin de ce même siècle par *Cluny II,* qui subsista partiellement jusqu'au XVIIIe s. *Cluny III* fut élevée à partir de 1088 et achevée vers 1135 alors que Pierre le Vénérable était abbé ; elle faisait l'admiration du monde chrétien pour ses dimensions, la beauté de ses sculptures et de ses peintures, le tout en parfaite harmonie.
Dominés par le puissant clocher de l'Eau-Bénite, qui résista aux explosifs de l'Empire, les vestiges permettent d'apprécier les formules architecturales clunisiennes, notamment en ce qui concerne l'élévation. Plus grand sanctuaire jusqu'à la construction de Saint-Pierre de Rome au XVIe s., l'église lançait ses voûtes à quelque 30 m de hauteur et s'allongeait sur 187 m. Elle fut rasée au début du XIXe s., à l'exception du croisillon sud du grand transept et d'éléments liés au petit transept abattu, ce qui représente à peine le dixième du monumental édifice. L'absidiole sud fut remplacée au XVIe s. par la *chapelle de l'abbé Jean de Bourbon,* bijou gothique (fin XVe s.), dont la porte flamboyante s'ouvre sous une arcade romane conservant sa polychromie primitive.

Abbaye. Il subsiste plusieurs éléments du monastère qui avait été en grande partie reconstruit au XVIIIe s. autour d'un immense cloître dont les galeries évoquent celles du Palais-Royal de Paris. La *place de l'Abbaye,* ancienne cour du couvent, est bordée de bâtiments à la belle façade gothique datant de 1300 environ. Appuyé sur la massive *tour du Moulin* (XIIe s.), l'important grenier-farinier des moines (XIIIe s.) comporte une salle basse voûtée, qui servait de cellier, et une seconde salle coiffée d'une charpente en carène, bel ouvrage de menuiserie gothique, qui abrite deux maquettes montrant ce qu'était la façade et le chevet de Cluny III. Présentés sur des colonnes, dix grands chapiteaux historiés offrent une superbe iconographie témoignant de l'art des sculpteurs. Dans les jardins végète un énorme tilleul multiséculaire (7 m de circonférence) que la légende dit contemporain d'Abélard. Le philosophe et théologien, grand dialecticien plus connu pour ses démêlés sentimentaux que par ses œuvres, avait trouvé refuge (1140) auprès de Pierre le Vénérable qui eut la charité de l'accueillir après sa condamnation par le concile de Sens.
Dans un square, se dresse le *palais d'Amboise* (XVIe s.) transformé aujourd'hui en hôtel de ville. La *tour Fabry,* du XIVe s., domine le haras voisin, construit avec les pierres de l'édifice religieux. La robuste *tour des Fromages* est le plus ancien vestige du monastère ; sa base remonte au XIe s., la partie supérieure au XIIe s.

Musée Ochier. Occupant un ex-palais abbatial du XVe s., ce musée porte le nom de la famille qui offra cette résidence à la municipalité au siècle dernier. Il réunit d'intéressants fragments romans, des plans et maquettes de l'abbaye, divers objets ayant appartenus aux religieux, des collections de peintures. La bibliothèque est riche de quelque 4 000 volumes, la plupart venant du monastère.

La ville qui grandit autour de l'abbaye connut la prospérité grâce aux moines et aux pèlerins qui affluaient. Malgré les ravages de la dernière guerre, elle possède quelques beaux logis d'époque romane (25, rue de la République, XIIe s. ; 6, rue d'Avril, XIIIe s.) et plusieurs demeures anciennes.

L'*église Notre-Dame,* mutilée et austère, remonte au XIIe s.

L'*église Saint-Marcel,* à nef unique du XVIIe s., est dominée par un superbe clocher octogonal ; elle a conservé une abside et un chœur romans ; un baptistère sculpté du XIIIe s. sert de bénitier. La chapelle de l'*Hôtel-Dieu* (XVIIe s.) abrite d'importants vestiges du mausolée (début du XVIe s.) de la famille du cardinal Bouillon ; trop prétentieux, son achèvement fut interdit en 1711

Cormatin

71460 Saint-Gengoux-le-National, Saône-et-Loire. 13 km Cluny.

Banale et froide, l'église (XIXe s.) de ce petit village abrite une magnifique Vierge de pitié du XVe s. Sur le fond doré du tableau se détachent les attributs de la Passion et les profils de Louis XI et du cardinal La Balue, grands ennemis des ducs de Bourgogne. Construit au tout début du XVIIe s. dans un vaste parc rafraîchi par la Grosne, amputé d'une aile en 1830, un superbe *château* de style Renaissance a conservé son admirable décoration intérieure : plafonds à la française, boiseries peintes, très beau mobilier, toiles de Nattier, Mignard, Claude Gelée. Lamartine en fut l'hôte à plusieurs reprises.

Couches

71490 Saône-et-Loire. 25 km Châlon-sur-Saône.

Les vignes grimpent jusqu'au pittoresque vieux bourg qui possède encore plusieurs témoignages du passé. Près de l'église du XVe s. (fort remaniée) subsistent les vestiges d'une *ancienne abbaye* bénédictine, la *tour Bajol* (XIIIe s.) et la maison dite *des Templiers* qui remontent au XVIIe s., comme l'*hôpital.*

A 1 km, commandant un magnifique paysage vallonné et la route d'Autun à Châlon, le composite *château de Marguerite de Bourgogne* a fière allure avec son fort donjon carré, ses courtines, ses tours à machicoulis, sa chapelle du XVe s. Très mutilé au fil des âges, il a été soigneusement restauré.

Le Creusot

71200 Saône-et-Loire. 30 km Autun.

Dans une région restant boisée jusqu'aux abords des forges, un spectaculaire décor industriel : celui du Creusot, avec ses usines empanachées de fumées et ses petites maisons ouvrières étagées sur les collines. Au carrefour du 8-Mai, un gros marteau-pilon (1876) symbolise la vocation de la ville.

Histoire. Dépendance du proche petit village du *Breuil,* Le Creusot se développa à partir de 1770 avec l'exploitation industrielle de gisements houillers, le charbon remplaçant le bois pour alimenter une fonderie et

Suite page 69

Visage de la Bourgogne

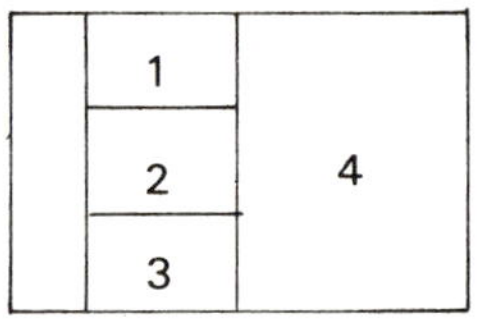

1. Porte de la Bourgogne, Joigny se tasse au-dessus de l'Yonne qui reflète l'alignement sans unité de ses façades bourgeoises.
2, 3. Miraculeusement épargné par la Révolution, le ravissant château Renaissance de Tanlay conserve une surprenante fresque aux couleurs fraîches et vives. Traitée avec fantaisie dans le style de l'École de Fontainebleau, elle représente des personnages illustres ne laissant rien ignorer de leur anatomie.
4. Préfecture de l'Yonne, cité bimillénaire, Auxerre est riche de nombreux vestiges du passé et se découvre d'un pas flâneur. Imposante de majesté, la cathédrale Saint-Étienne surveille le lent passage des péniches et des house-boats rejoignant le charmant canal du Nivernais.

SERVAL
SERVAL

1. Au cœur d'un vignoble ensoleillé dont le nom est synonyme de « vin blanc sec et vif », Chablis étire ses maisons basses le long du Serein tumultueux.
2, 3. Toujours protégée par son enceinte fortifiée et seize tours rondes, Noyers groupe de nombreuses belles demeures des XVe et XVIe s. La Porte peinte, entrée principale de la cité, donne accès à un univers archaïque et charmant.

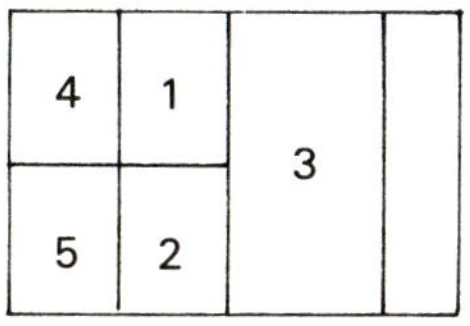

La vieille cité de Vézelay a grandi sur la « sainte colline », acropole dominée par l'admirable basilique Sainte-Madeleine **(pages suivantes).** Haut-lieu de la foi médiévale, cette église fut sauvée de la ruine par Viollet-le-Duc : il travailla presque vingt ans à réparer les outrages du temps et des hommes.

1, 3. Scandée par l'alternance de pierres blanches et brunes, la sévère et lumineuse nef romane et animée par des chapiteaux sculptés (photos 3) évoquant des scènes de l'Ancien et du Nouveau Testament. Un prodigieux livre d'histoires saintes, gravée dans la pierre dorée...

2. Construit après la nef, le narthex de la Madeleine est un chef-d'œuvre de l'art roman bourguignon. Le célèbre portail central porte le tympan historié où irradie un Christ en gloire. L'élégant trumeau s'orne d'une belle statue de saint Jean-Baptiste.

4. A quelques kilomètres de l'imposante basilique, Saint-Père-sous-Vézelay est un calme village rustique dominé par le clocher ajouré de sa belle église.

5. Berceau d'Avallon, le quartier du château s'ouvre par la forte tour de l'Horloge au toit d'ardoises, flanquée de l'hôtel de Condé (XVIe s.).

Banque

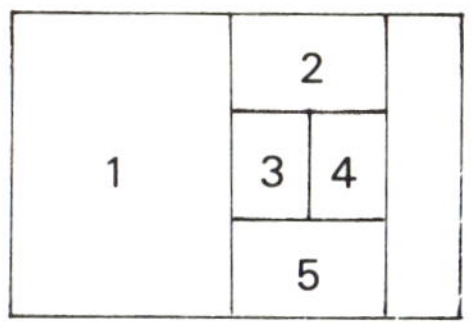

1. Dressée sur la colline du Perron, l'église Saint-Pierre domine le méli-mélo des toits bruns de Tonnerre.
2. L'assez sévère château d'Ancy-le-Franc se présente de façon trompeuse. Il s'organise autour d'une ravissante cour carrée Renaissance et cache une somptueuse décoration intérieure.
3. Né à Montbard en 1707, le comte de Buffon fit raser une partie de son château pour aménager les jardins aujourd'hui ouverts au public.
4. Vedette du musée de Châtillon-sur-Seine, le vase de Vix est un chef-d'œuvre de chaudronnerie et d'orfèvrerie antiques. Il atteste d'un très ancien mouvement d'échanges entre pays méditerranéens et du Nord.
5. La décoration intérieure du sage château de Bussy-Rabutin reflète les états d'âme d'un courtisan insolent et cancanier chassé de la cour par Louis XIV. Il se vengea de son exil en décorant sa résidence bourguignonne de fresques et de peintures insolites, parfois méchantes.

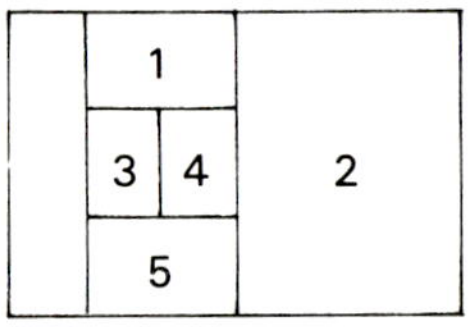

1. Richement décorée, la chambre à coucher du comte Roger de Bussy-Rabutin s'orne des portraits de dames de la cour et... de celui de sa femme, excellente épouse qu'il ne cessa de tromper.
2, 3. Restaurée par un mécène lyonnais au début du siècle, l'abbaye de Fontenay a retrouvé sa sérénité et sa beauté. Aussi dépouillé que l'église cistercienne, le cloître roman est empreint d'une profonde harmonie.
4. Le dortoir des moines ne possédait pas de fenêtres à l'origine (XIVe s.). Incendié, il a été recouvert d'une magnifique charpente en châtaignier au XVe s.
5. La salle capitulaire du XIIe s. est située sous le dortoir et communique avec le cloître.

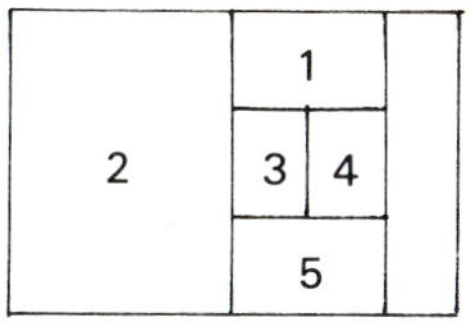

1, 2. Non loin des fouilles d'Alésia, Alise-Sainte-Reine unit ses deux quartiers au flanc du mont Auxois. Au rebord de cette butte, la statue monumentale de Vercingétorix veille la campagne où César avait installé ses légions.
3. Évoquant la Bourgogne féodale, le château d'Époisses est entouré de douves asséchées et d'une double enceinte.
4. Étonnante perspective : les grosses tours rondes des fortifications de Semur-en-Auxois encadrent les deux clochers carrés et la tour octogonale de l'église Notre-Dame.
5. Saint-Seine-l'Abbaye se blottit au pied de son ancienne cathédrale, à proximité des sources de la Seine et de l'Ignon.

Pages suivantes. Fétiche de Dijon, le svelte Bareuzaï (déformation de « bas rosés ») foule le raisin sans parvenir à colorer l'eau de sa fontaine. Ce vigneron de bronze occupe le centre de la place François-Rude, à l'orée de la zone piétonnière.

CHEMISERIE
COIFFURE
LOCATEL
MACHINES A COUDRE

KODAK

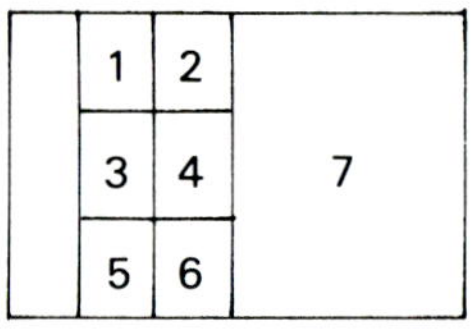

1, 2. Philippe le Hardi offrit à Dijon l'horloge à automates qui domine Notre-Dame : la famille Jaquemart sonne les heures, les demies et les quarts. Aérienne et légère, la façade de l'église est un exemple très particulier de l'art gothique français.
3, 4. Intérieurement gothique, l'église Saint-Michel est précédée d'une luxuriante façade dont le décor mêle des thèmes différents. Le tympan du portail central est illustré d'un expressif Jugement dernier ; saint Michel s'adosse au trumeau.
5, 6. Construit au XVe s., l'hôtel Chambellan cache un bel escalier à vis dans une tourelle à clochetons. Au fond de la cour de Bar, au Palais des Ducs, d'autres marches s'élèvent sous une galerie du XVIIe s.
7. Le Palais des Ducs abrite un remarquable musée. Dans la salle des Gardes, du XVe s., les gisants de Jean sans Peur et de Marguerite de Bavière, ainsi que celui de Philippe le Hardi, sont escortés des magnifiques retables qui échappèrent à la destruction de la chartreuse de Champmol.

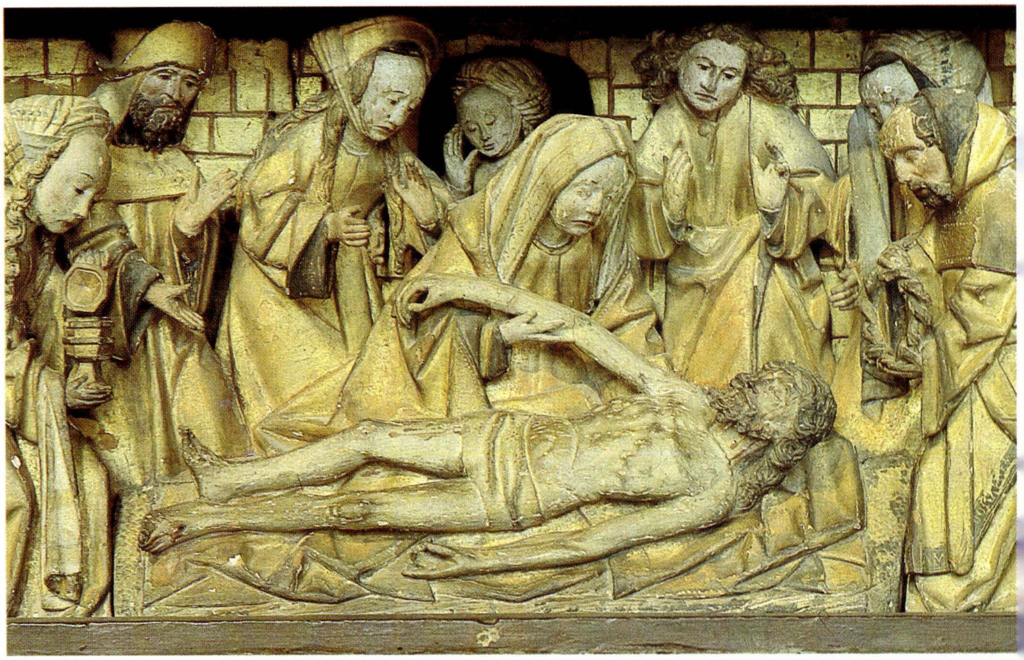

1	4	7	
2	5	8	
3	6	9	

1. A la lisière de Dijon, le socle du puits de Moïse orne encore les vestiges de Champmol. Le calvaire réalisé par Claus Sluter dominait un réservoir d'eau dans le cloître.
2, 3, 6. Les « pleurants » qui défilent sous le gisant de Philippe le Hardi, furent également exécutés par Claus Sluter.
4, 5. Détails de deux retables ornant la salle des Gardes, au Palais ducal. Le premier, en bois doré, représente les Saints et les Martyrs ; le second en pierre polychrome, une Mise au tombeau.
7, 9. Dans l'ancienne abbaye bénédictine, le Musée archéologique réunit des objets et œuvres d'art témoignant du long passé de la Côte d'Or, de la préhistoire à la Renaissance.
8. La déesse Séquana : l'un des nombreux ex-votos trouvés aux sources de la Seine et présentés au Musée archéologique.

Pages suivantes. Protégeant un petit village pittoresque, la forteresse de Châteauneuf commande le panorama de la plaine étroite et des contreforts du Morvan.

arcuterie

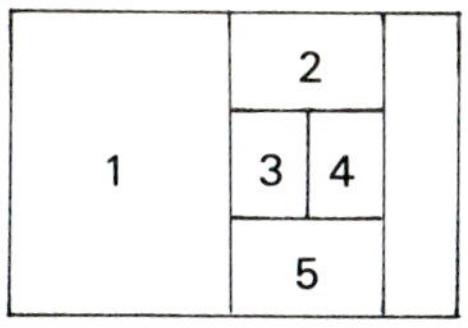

1. Au cœur de Saulieu, une charmante fontaine du XVIIIe s.
2. Protégé par la falaise, bien ensoleillé, le vignoble de Gevrey-Chambertin est typique de la Côte de Nuits.
3, 4, 5. Éclairé par une belle lumière automnale, le château du Clos de Vougeot ne résonne plus du plain-chant des moines. Il est aujourd'hui animé par la Confrérie des chevaliers du Tastevin qui y organise galas et banquets.

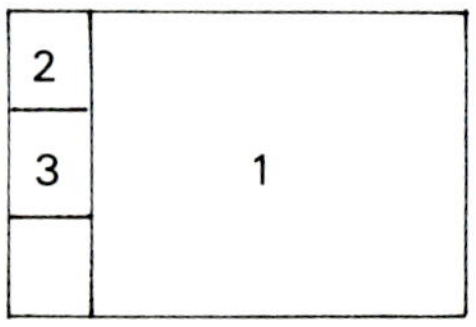

1. Lorsque la nature s'assoupit, le vigneron taille ses vignes, brûlant sur place les ceps coupés.
2, 3. Faisant suite à la Côte de Nuit, la Côte de Beaune associe les paysages plus variés. Aloxe-Corton cultive ses vignes sur des pentes douces : elles glissent vers la sage église ou vers quelque manoir.

Pages suivantes. L'Hôtel-Dieu de Beaune fut construit au XVe s. Bien que son décor évoque la Flandre ducale, le vaste édifice est devenu un symbole de la Bourgogne.

	1	4	7
	2	5	8
	3	6	9

1. Reconstitution de la vie des religieuses qui soignaient les malades de l'Hôtel-Dieu, à la fin du xve s.
2, 4. La « chambre des povres » est installée dans une ample nef s'achevant sur une chapelle. Seule la disposition des lits a changé : ils étaient tournés vers l'autel. La vaste salle abrite un émouvant Christ aux liens du xve s.
3. La cheminée monumentale des cuisines est devenue le présentoir de nombreux ustensiles.
5. Le Christ juge et saint Michel pesant les âmes : un élément du remarquable polyptyque du Jugement Dernier placé dans la salle Saint-Louis, à l'Hôtel-Dieu. Il fut commandé à Roger Van der Weyden dès 1443 par Nicolas Rolin.
6. Le pourtour du chœur de la collégiale Notre-Dame est recouvert de très belles tapisseries évoquant la vie de la Vierge (1500).
7. Les vins des Hospices de Beaune sont vendus aux enchères le troisième dimanche de novembre. Les cuvées portent le nom des fondateurs et bienfaiteurs de l'Hôtel-Dieu.
8. Le Musée des vins de Bourgogne expose entre autres d'étonnants pressoirs des xviiie et xixe s.
9. La visite de Beaune s'achève obligatoirement dans une cave...

LE VIN A LE POUVOIR
D'EMPLIR L'AME DE TOUTE VERITE
TOUT SAVOIR ET PHILOSOPHIE
RABELAIS 1494 1553

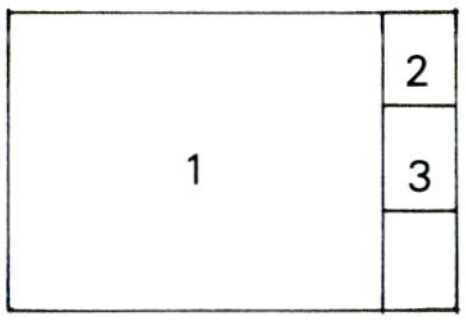

1. Le vieux château de Savigny-les-Beaunes se dresse dans un immense parc. Le bourg qu'il protégea a donné son nom à un vin rouge parfumé et léger.
2, 3. Meursault, qui a son « château », aligne des vignes produisant un merveilleux vin blanc à la robe d'or.

Pages suivantes. Campé sur une hauteur boisée, le château de la Rochepot commande un paysage vallonné particulièrement séduisant lorsqu'il se nimbe de brume.

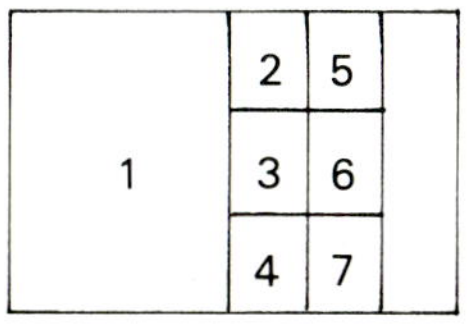

1. Ville d'art épargnée par le béton, Autun est veillée pour l'éternité par l'une des plus belles cathédrales de France. Remaniements et restaurations n'ont pas altéré, intérieurement, la physionomie primitive de cet édifice mis en chantier au XIIe s.
2, 4. L'ample porche abrite un magnifique portail dont le tympan rivalise en célébrité avec celui de Vézelay.
3. Près de la cathédrale, le musée Rolin présente notamment d'admirables œuvres romanes, telle cette touchante Vierge à l'Enfant polychrome.
5, 6, 7. Les chapiteaux des pilastres de Saint-Lazare représentent des scènes savoureuses de l'Ancien et du Nouveau Testament.

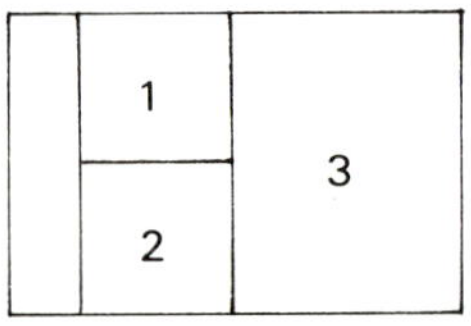

1, 2. Capitale d'une région aux doux horizons, Nevers conserve de très beaux monuments. Le Palais ducal (en haut) fut terminé au XVIe s. Édifice homogène, l'église Saint-Étienne témoigne du mariage heureux des influences bourguignonne et auvergnate (XIe s.).
3. Paray-le-Monial s'enorgeuillit d'un des plus importants témoignages de l'art roman bourguignon : la basilique du Sacré-Cœur reflète ses tours clunisiennes dans la Bourbince.

Pages suivantes. Pays de collines et d'amples ondulations, le Charolais est célèbre pour ses bœufs clairs et dodus. Mariée à la Saône qu'enjambe le pont Saint-Laurent, Mâcon manque de monuments illustres mais garde un certain caractère.

MA5558

MA3350

UAP

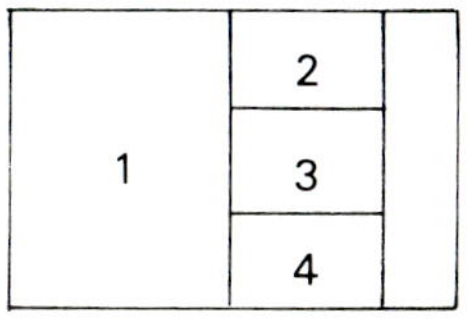

1. « Nulle autre ne l'égale », disait le pape Grégoire VII de Cluny. La ville d'aujourd'hui est veillé par les ruines illustres d'une abbaye ayant compté parmi les hauts lieux de la chrétienté médiévale.
2, 3. Accrochée sur un promontoire, Brançion possède de belles halles et plusieurs maisons du XVe s. L'église Saint-Pierre abrite des fresques du XIVe s.
4. Tournus offre sa plus agréable façade à la Saône paresseuse. Deux tours inégales signalent l'ancienne abbatiale Saint-Philibert, monument roman composite et majestueux.

Pages suivantes. La puissante forteresse de Berzé-le-Châtel veille les maisons vigneronnes et les fermes s'égaillant dans une paisible campagne pleine de charme.

Suite de la page 20

des hauts fourneaux. Les Creusotins bénéficièrent également du transfert des cristalleries de Sèvres jusqu'au début du XIXe s. En 1836, les frères Adolphe et Eugène Schneider fondèrent une usine qui allait contribuer au grand essor de la ville. Un an après leur arrivée commence la construction de la première locomotive à vapeur, ainsi que les moteurs de grands navires. Inventé en 1841 par M. Bourdon, le marteau-pilon permit la forge de grosses pièces.

Les usines du Creusot couvrent environ 500 000 m^2 ; elles comprennent aciéries, laminoirs, tôleries, fonderies, ateliers de forge, de chaudronnerie et de constructions mécaniques. Entièrement reconstruites après les bombardements de la dernière guerre, elles sont équipées de moyens de production très modernes et font travailler plus de 10 000 personnes.

Écomusée de la communauté urbaine Le Creusot — Montceau-les-Mines. Installé dans le *château de la Verrerie,* ancienne résidence des frères Schneider, ce musée de l'homme et de son milieu expose l'inventaire du patrimoine régional en évoquant le passé et le présent. C'est aussi le siège du *Centre de recherche, d'animation et de création pour les arts plastiques* comprenant, entre autres, des salles de travail et une importante bibliothèque axée sur la technologie.

L'Écomusée possède des antennes dans plusieurs communes de la région : *Montceau-les-Mines* présente « Cent ans d'école » ; *Blanzy* offre un musée de la Mine avec restitution de l'ambiance d'un puits d'extraction houillère et son carreau ; à *Perrecy-les-Forges,* le narthex du prieuré abrite une exposition évoquant l'époque romane de la région et les forges d'antan.

Dijon

21000 Côte-d'Or. 310 km Paris.

« Ah ! la belle ville... Elle a au moins cent clochers », s'exclama François Ier, étonné de découvrir la capitale de la Bourgogne, ses tours et ses flèches. Musée en plein air où errent d'illustres fantômes, Dijon est une cité à forte personnalité qui modèle son avenir en respectant son passé. Alors que de nouvelles activités s'ajoutaient aux traditionnelles industries alimentaires (moutarde, pain d'épice, crème de cassis, négoce des vins), elle a multiplié les espaces verts, créé un important centre nautique sur le lac artificiel portant le nom de son ex-maire, le truculent chanoine Kir. La séduisante et active ville ducale préserve un centre historique étonnamment dense en beaux hôtels, monuments et musées, aménageant de vastes zones piétonnières et continuant de restaurer ses vénérables maisons. Comptant parmi les plus intéressantes cités touristiques de France, Dijon flirte avec l'illustre vignoble des *Côtes de Nuits,* que suit la route des vins conduisant à Beaune. C'est également une base d'excursions vers le *mont Afrique,* le *Val-Suzon* et la *forêt de Cîteaux.*

Histoire. La capitale de la Bourgogne n'émergea qu'assez tardivement dans l'histoire, avec les religieux de Saint-Bénigne, puis avec les ducs. A l'époque gallo-romaine, *Divio* n'était qu'un puzzle de très modestes localités agglutinées le long de la *via Agrippa.* Les évêques de Langres s'y installèrent au Ve s. ; l'un d'eux, saint Guillaume, éleva une basilique sur la tombe présumée de saint Bénigne (légendaire évangélisateur de la Bourgogne qui aurait été martyrisé à la fin du IIe s.). La communauté adopta la règle bénédictine et, au XIe s., la réforme clunisienne. En 1002, le grand abbé Guillaume de Volpiano reconstruisit l'église abbatiale.

Neveu d'Hugues Capet, Robert le Pieux établit en 1015 les droits royaux sur Dijon, qui dépendit bientôt des ducs capétiens de Bourgogne (voir « Le sceau de l'histoire »). Un incendie ravagea la ville en 1137 : le duc Hugues II la releva et établit une nouvelle enceinte. Une cinquantaine d'années après, Hugues III accorda à Dijon une charte communale exemplaire, la ville étant administrée par un maire et des échevins élus chaque année sous le porche de l'église Saint-Philibert. En 1284, la commune prit le contrôle du vicomté de Dijon, racheté à l'évêque de Langres. Florissante grâce à ses foires et à l'implantation de banquiers, la ville revint à la Couronne après la mort du jeune duc Philippe de Rouvres (1361). Le duché donné en

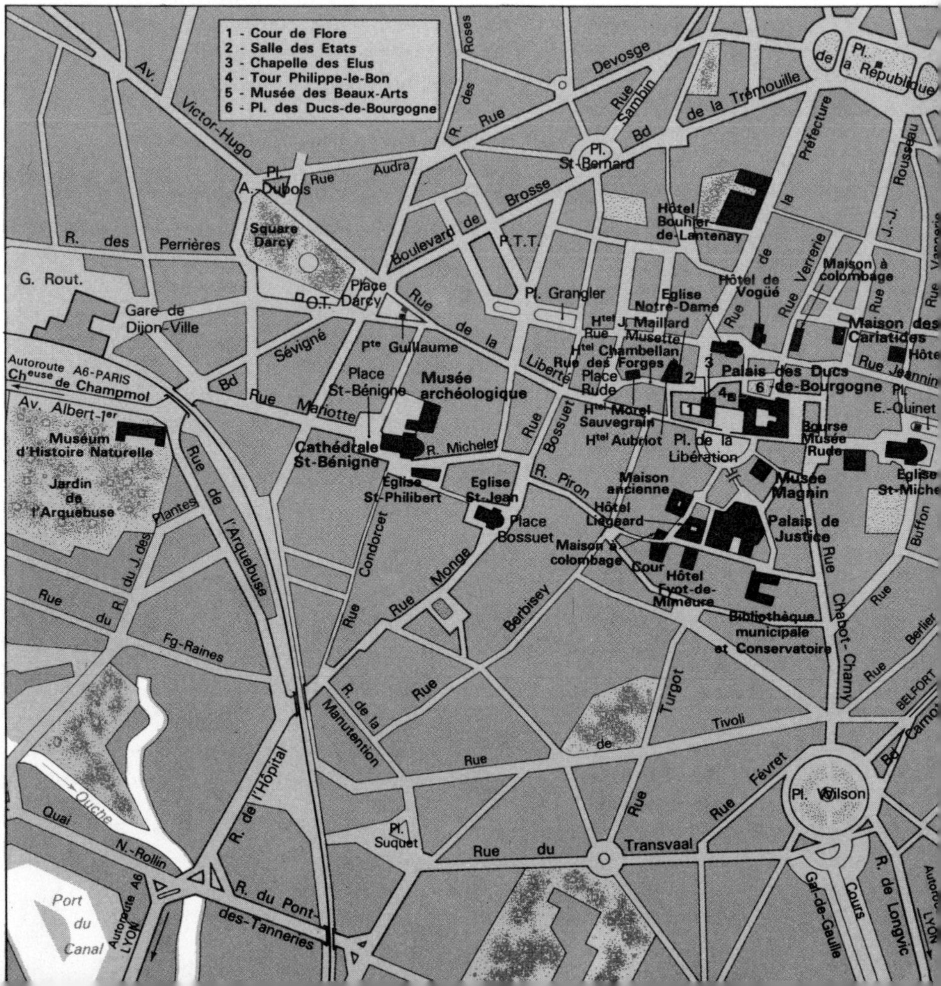

apanage, en 1364, à Philippe le Hardi par son père, Jean II le Bon, Dijon connut la gloire avec ses nouveaux maîtres, les quatre grands ducs d'Occident (1363 à 1477). Philippe le Hardi offrit à la ville le jaquemart et, surtout, fonda la chartreuse de Champmol, où il établit la sépulture de sa dynastie. Il fit venir à Dijon le grand imagier flamand Claus Sluter, initiateur d'une tendance réaliste, qui exécuta notamment le fameux Puits de Moïse. Il reconstruisit le palais ducal, encore agrandi par Philippe le Bon, fondateur de l'ordre de la Toison d'Or, qui régna sur une cour brillante, attirant poètes, musiciens et peintres.

Cité de négociants prospères et de financiers, qui se firent construire de splendides demeures encore visibles, Dijon pâtit de l'échec de Charles le Téméraire. La Bourgogne revenue pour toujours à la France après sa mort (1477), le palais des ducs devint logis du roi, et la cité n'étant plus qu'une grande ville parmi d'autres après avoir presque été la capitale d'un vaste État. Afin de montrer son autorité et de prévenir toute velléité d'indépendance des Dijonnais, Louis XI édifia une forteresse et remit en état les murailles. En 1513, une armée suisse investit Dijon, histoire d'obtenir de la Couronne de France le règlement de vieux comptes. Les 30 000 mercenaires levèrent le siège grâce à la diplomatie du gouverneur La Trémoille, le roi refusant ensuite d'entériner le traité « merveilleusement étrange » qui sauva la ville.

Ayant accueillit le parlement, qui siégeait jusque-là à Beaune, Dijon connut un nouvel essor. La cité que les Condé administrèrent de 1632 à la Révolution se para de nouveaux hôtels particuliers, rhabilla le palais ducal à la mode du Grand Siècle, s'offrit de grandes perspectives (Jules Hardouin-Mansart joua un rôle essentiel en traçant notamment la place d'Armes, l'actuelle place de la Libération). Dotée au XVIIIe s. d'une Intendance d'allure palatiale, l'actuelle préfecture, Dijon obtint une université et un évêché, se dota d'une Académie des sciences, arts et belles-lettres, d'une Académie de peinture d'où est issu le musée des Beaux-Arts.

La Révolution n'ensanglanta pas spécialement Dijon, mais les vandales s'en donnèrent à cœur joie, meurtrissant ou détruisant ses plus beaux monuments (la chartreuse de Champmol fut anéantie). Préfecture de la Côte-d'Or, la cité bénéficia au milieu du XIXe s. du tracé du chemin de fer Paris-Méditerranée, déborda de ses anciennes murailles, détruisit le « château des gens d'armes » qu'avait fait construire Louis XI, mais épargna à son cœur historique l'outrage de percées à la Haussmann. La ville dont le chanoine Kir fut la grande figure, au cours d'un règne municipal quelque peu immobiliste de vingt-cinq ans, a beaucoup progressé depuis 1960, devenant une petite métropole où l'on respecte la qualité de la vie. Elle est rajeunie par une université d'une certaine importance, héritière de la vieille université *burgundiae* fondée en 1722. La faculté des sciences et le campus universitaire forment une véritable ville nouvelle sur la hauteur de Montmuzard.

Palais des Ducs. Le palais, dans lequel s'imbrique l'un des plus grands musées de France, doit son apparente unité et sa majesté aux XVIIe et XVIIIe s. Héritier d'un château élevé à partir de 1360, il englobe la haute *tour Philippe-le-Bon*, achevée au XVe s., et de rabelaisiennes cuisines médiévales. Jules Hardouin-Mansart ne fut pas le seul architecte du palais recomposé et très agrandi à la fin du XVIIe s., mais il peut être considéré comme le concepteur.

Très étendu, l'ensemble palatial s'organise autour de trois cours, la plus vaste faisant face à l'harmonieuse *place de la Libération* et à son arrondi d'arcades. Communiquant avec cette *cour d'honneur*, la *cour de Flore* est notamment bordée par la *salle des États* et par la *salle de Flore*. Le somptueux escalier construit vers 1735 par Jacques Gabriel conduit à la *salle des États*, redécorée à la fin du XIXe s. ; elle est reliée à la *salle de Flore* dont l'ornementation glorifie les princes de Condé. La *chapelle des Élus* est de style Louis XV. De l'autre côté de la cour d'honneur, la *cour de Bar* conserve l'*escalier* et la *galerie de Bellegarde* (début du XVIIe s.).

Musée des Beaux-Arts. Installé dans une aile du XIXe s. et s'insinuant dans le vieux palais des ducs de Bourgogne, ce riche musée éclectique est passionnant. Fort bien conçu, se parcourant sans lassitude malgré ses dimensions, il réunit d'énormes collections. Une pléiade d'œuvres majeures figurent à son catalogue, représentant toutes les époques et tous les genres (peinture, sculpture, ameublement, tapisserie, orfèvrerie). La visite fait notamment découvrir les sculptures du Dijonnais François Rude et de François Pompom (l'un des plus grands artistes animaliers), d'admirables tableaux rhénans et suisses, de magistrales peintures flamandes et italiennes (Rubens, Véronèse, Titien, Reni), de très intéressantes toiles du XIXe s., ainsi qu'un ensemble contemporain admirablement présenté, musée dans le musée à lui seul. La vaste *salle des gardes*, du XVe s., est fort belle avec sa cheminée flamboyante et sa tribune, qui est un ajout du XVIe s. ; elle abrite les superbes épaves de la chartreuse de Champmol, scandaleusement détruite en 1792, les tombeaux de Philippe le Hardi et de Jean sans Peur (XVe s.), d'éblouissants retables.

Vieilles rues. Les alentours du palais sont semés de maisons médiévales, de très beaux hôtels, d'élégantes demeures de parlementaires. Parmi les artères méritant d'être lentement parcourues, l'œil rivé aux façades : rue des Forges (cour de l'*hôtel Chambellan*, fin XVe s. ; *hôtel de Jean Maillard*, du XVIIe s., très orné ; *hôtel Aubriot*, du XIIIe s. ; *hôtel Morel-Sauvegrain*, du XVe s.) ; rue de la Chouette (harmonieux *hôtel de Vogüé*, XVIIe s. ; maison médiévale dont les arcades abritaient des boutiques) ; rue Verrerie, très médiévale ; rue Chaudronnerie (*maison des Cariatides*, Renaissance).

Église Notre-Dame. Campée près du palais, cette étrange et belle église du XIIIe s. dresse une monumentale et aérienne façade dans la perspective de la piétonne rue Musette. Au sommet, la *famille Jaquemart* s'anime pour sonner les heures et les quarts (le père Jaquemart fut pris en 1383 à Courtrai, ville rebelle, par Philippe le Hardi ; les Dijonnais lui offrirent plus tard une femme et deux enfants). D'allure italienne, la façade est ornée de nombreuses gargouilles, refaites au XIXe s. d'après des documents anciens ; ses portails furent mutilés pendant la Révolution. Fort harmonieuse intérieurement, d'architecture savante, l'église est illuminée par de très beaux vitraux, notamment du XIIIe s. Elle abrite une Vierge noire (XIe s.), protectrice de la ville.

Église Saint-Michel. La spectaculaire facade Renaissance de Saint-Michel trompe : ce paravent très ornementé est plaqué sur un vaisseau gothique de style flamboyant. La disparité d'architectures s'explique par l'évolution du goût au moment de la construction (fin du XVe s., milieu du XVIe s.). Remarquablement rythmée, maniérée, la façade offre un portail central fort original (tympan sculpté à partir de 1551 par Nicolas de la Cour).

Musée Rude. *Bourse de Commerce.* Désaffectée, mutilée, l'*ancienne cathédrale Saint-Étienne* abrite la *Bourse de commerce* et le *musée Rude*. Né à Dijon en 1784, François Rude est représenté par les reproductions de toutes celles de ses œuvres qui ne sont pas exposées au musée des Beaux-Arts. L'une d'elles est particulièrement connue : le *Départ des volontaires,* colossal haut-relief de l'Arc de Triomphe de Paris.

Musée Magnin. *4, rue des Bons-Enfants.* Dans un sobre hôtel du XVIIe s., réaménagé par l'architecte-urbaniste Auguste Perret, ce musée reflète les goûts éclectiques de Maurice Magnin, grand collectionneur qui sut s'intéresser aux artistes méconnus du passé et aux brillants « petits maîtres » un peu dédaignés. La demeure rassemble également des toiles d'artistes célèbres : Tiepolo, Vouet, Le Sueur, Poussin.

Palais de justice. Occupant l'*hôtel du Parlement de Bourgogne* (XVIe s.), le palais de justice conserve une grande partie de sa luxueuse décoration (plafonds, corniches et lambris très ouvragés). Coiffée d'un berceau en lambris, la *salle des pas-perdus* était jadis bordée d'étals et de buvettes : le Tout-Dijon y paradait et commentait les nouvelles du jour.

Dans la ville historique s'élèvent maints édifices dignes d'attention, notamment l'*hôtel Bouhier de Lantenay,* somptueuse résidence du XVIIIe s. abritant la préfecture. A l'ensemble environnant le palais des ducs répond le secteur également remarquable de la cathédrale, proche de la *place Darcy.*

Cathédrale Saint-Bénigne. Personnage légendaire auréolé de toutes les vertus par le petit peuple du haut Moyen Age, Bénigne fut peut-être le reflet d'un des premiers évangélisateurs de la Bourgogne. Son tombeau présumé étant devenu but de pèlerinage, malgré la suspicion des autorités ecclésiastiques ; un établissement monastique s'établit près de lui. Bénigne eut droit à une crypte, puis à des églises successives de plus en plus grandes. Un très bel édifice roman (dont subsiste une partie de la rotonde) fut élevé au début du XIe s. par l'abbé Guillaume de Volpiano.
D'une certaine sévérité, le vaste édifice actuel fut élevé à partir de 1280. Au chevet, se situe un ensemble souterrain, remblayé pendant la Révolution, dégagé au milieu du siècle dernier. La *crypte* est la base de l'église circulaire greffée à l'aube de l'époque romane.

Abbaye. Musée archéologique. Grandissant en marge du vieux castrum, l'abbaye de Saint-Bénigne connut la prospérité et vit se développer autour d'elle un faubourg important. Les vestiges du couvent, au flanc de la cathédrale, sont occupés par un musée archéologique très intéressant. Le vaste *dortoir gothique* réunit des sculptures romane, gothique et Renaissance. Le sous-sol roman (une salle voûtée devenue cave à la suite de remblayages) est un lieu étrange et poétique : ce rude écrin de pierre enferme notamment une fascinante collection d'ex-voto gallo-romains découverts aux sources de la Seine (le fleuve, ex-*Sequana,* était déifié par les anciens).

Église Saint-Philibert. A deux pas de Saint-Bénigne, cette ancienne église romane est signalée par une délicate flèche du XVe s. Le portail principal date du XIIIe s., le portail méridional est une œuvre de l'époque romane finissante. D'une très sobre structure intérieure, Saint-Philibert héberge des expositions temporaires.
La proche *église Saint-Jean,* où Bossuet fut baptisé en 1627, a été mutilée et dépouillée de son ornementation. A son chevet, la *place Bossuet* est bordée d'une maison à colombage et encorbellement et de quelques hôtels de parlementaires. A l'angle de la rue Bossuet et de la rue de la Liberté, se font face un hôtel Renaissance et une demeure du XVe s. aux pittoresques pignons.

Musée d'Art sacré. *Rue Sainte-Anne.* Édifice classique achevé en 1709, l'église Sainte-Anne abrite aujourd'hui un superbe musée d'Art sacré regroupant des œuvres bourguignonnes : statues du XIIe au XVIIe s., peintures, très belles pièces d'orfèvrerie religieuse.

Puits de Moïse. A la lisière de la ville, près des beaux *jardins de l'Arquebuse,* le vaste hôpital psychiatrique disperse ses pavillons à l'emplacement de la *chartreuse de Champmol* fondée par le duc Philippe le Hardi. Le « puits de Moïse », en réalité un calvaire, se dressait au milieu d'un bassin réservoir aménagé dans le cloître des chartreux. Dépourvu de ses éléments supérieurs, le socle est orné des statues de Moïse, David, Jérémie, Zacharie, Daniel et Isaïe. Cette statuaire superbe fut exécutée de 1395 à 1404 par le grand Claus Sluter, artiste néerlandais appelé en Bourgogne par Philippe le Hardi.

Époisses (château d')

21460 Côte-d'Or. 13 km Semur-en-Auxois.

A la lisière de l'agglomération, le château d'Époisses occupe l'emplacement d'une maison forte royale remontant au VIe s. Évocateur de la Bourgogne féodale, l'édifice est entouré de douves asséchées et de la puissante double enceinte qui protégeait l'église (ex-chapelle de la forteresse primitive), les communs et un grand colombier. Essentiellement du XVIe s., l'ensemble englobe des parties beaucoup plus anciennes.
Le *château* en forme de fer à cheval (la partie sud fut détruite pendant la Révolution) conserve sa décoration et ses meubles du XVIIe s. Les visiteurs ont notamment accès à la chambre où le jeune Henri IV dormit après la bataille d'Arnay-le-Duc, et à la chambre (plafond peint du XVIe s.) réservée à Madame de Sévigné lors de ses séjours.
Les propriétaires du château ont conservé de nombreux souvenirs de leurs hôtes illustres et une belle collection de tableaux signés Philippe de Champaigne, Larguillière, Mignard, Oudry. Le *grand salon* est joliment meublé dans le style Louis XIV, les sièges sont recouverts de tapisseries des Gobelins.

Fontaine-Française

21610 Côte-d'Or. 37 km Dijon.

Ancienne seigneurie de la famille

Vergy, Fontaine-Française ne relevait que de la Couronne de France et formait une enclave dans le duché de Bourgogne. La cité pittoresque aux nombreuses maisons anciennes conserve son *château* reconstruit en 1750 : il accueillit Boufflers, Voltaire, Jean-Jacques Rousseau, Madame de Staël, Madame Récamier. Le 15 juin 1595, après la bataille de Fontaine-Française, l'ancienne forteresse avait reçu Henri IV, vainqueur de Philippe II et des ligueurs.

Environs. Saint-Seine-sur-Vingeanne. *5 km est.* La belle église romane, flanquée d'un clocher à trois étages, abrite un Christ de Pitié en pierre polychrome du XVIe s.

Château de Rosières. *10 km sud-est.* Cette impressionnante forteresse cernée de douves groupe des bâtiments hétéroclites : tour du XVe s., donjon du XVIe s., petit pavillon typiquement Louis XIII.

Château de Beaumont-sur-Vingeanne. *16 km sud.* Exemple type de « folie », le charmant petit château du XVIIIe s. fut construit pour l'abbé Claude Jolyot, chapelain du roi, désireux de se reposer du tourbillon versaillais. Au milieu d'un parc joliment dessiné, se dresse une harmonieuse demeure ornée de fenêtres cintrées. Ici, tout évoque la douceur de vivre et le bon goût français d'un amateur d'art du Grand Siècle.

Fontenay (abbaye de)

Côte-d'Or. 6 km Montbard.

Un gros ruisseau alimentant un établissement de pisciculture traverse l'étroit vallon agreste où se cache l'abbaye de Fontenay. A l'abri de toute agitation, animé de chants d'oiseaux, ce site séduisant attira en 1118 saint Bernard et quelques moines qui fondèrent le célèbre monastère cistercien. Prospère jusqu'au XVIe s., l'établissement souffrit du régime de la commende (VOIR CLUNY) et des guerres de Religion. Vendu pendant la Révolution, transformé en papeterie, l'ensemble du domaine fut racheté en 1906 par un mécène lyonnais apparenté à la famille de Montgolfier. Il supprima les bâtiments industriels ajoutés au XIXe s. et entreprit une méticuleuse restauration avec le concours des Monuments historiques : tout ce qui pouvait être sauvé le fut.

La *porterie,* ornée des armes de l'abbaye (deux poissons évoquant la pisciculture médiévale et la fleur de lys symbolisant le statut royal), est flanquée de l'*hôtellerie* où les cisterciens accueillaient pèlerins et visiteurs. La *boulangerie* à la belle cheminée cylindrique date du XIIIe s., le *pigeonnier* du XVIIe s. Deux chiens sculptés marquent l'emplacement du chenil des ducs de Bourgogne.

Abbatiale. L'édifice dépouillé reflète la rigueur de saint Bernard qui répudiait le luxe et l'esprit de grandeur clunisien. Commencé en 1139, consacré en 1147 par le pape Eugène III, l'édifice atteint la perfection dans le dénuement. Toute sa beauté vient de la pureté des profils en cintre brisé éclairés par des vitraux sans chatoiements, comme à l'origine ; le sol est en terre battue, sauf dans le chœur où apparaissent les restes d'un pavage en carreaux émaillés. L'église abrite des pierres tombales, les gisants d'un seigneur d'Époisses et de sa femme, un retable en pierre, mutilé pendant la Révolution, et une souriante statue de Notre-Dame-de-Fontenay (fin XIIIe s.).

Abbaye. Datant du XIVe s., le vaste *dortoir* (56 m de longueur) a été couvert au XVe s. d'une impressionnante charpente en châtaignier ; comme le veut la règle cistercienne, il est situé au-dessus de la superbe *salle capitulaire,* dont les voûtes retombent sur des faisceaux de colonnettes. Elle communique avec l'austère et harmonieux *cloître* roman témoignant d'une belle unité malgré quelques différences de construction.
De l'ancienne abbaye subsistent également le *scriptorium* — salle de travail des moines —, le *chauffoir* aux deux cheminées (seule pièce où l'on allumait du feu en dehors des cuisines), la *prison* et une *forge* de belle architecture qui servait aux moines travaillant le fer, dont le pauvre minerai était extrait d'une colline voisine.

Gevrey-Chambertin

21220 Côte-d'Or. 13 km Dijon.

Gibriacois d'adoption, l'universitaire et écrivain Gaston Roupnel (1871-1946) présente joliment ce haut-lieu viticole auquel il se disait attaché « de la tête aux pieds et de la naissance à la mort » :
« A Gevrey, les lignes du paysage grandissent, se dénudent et se simplifient dans une austère ampleur. Le vignoble y devient une immense nappe continue (...). Le village cependant a gardé le caractère rural et la familiarité paysanne. Ce n'est pas une bourgade ramassée comme Nuits. Mais une ample combe, déchiquetée de rochers, emplie de profondeurs obscures, traverse ici la montagne et semble avoir laissé glisser de son seuil jusque dans la plaine ce long village babillard et charmant. En haut, des murailles vétustes et solennelles du vieux château jusqu'à l'antique église, la rue haute aligne son trait caduc. Au centre, il y a le bourg avec ses négoces. En bas, sur la grande route, il y a les baraques, tout un petit monde de vieillottes maisons vigneronnes, capuchonnées de treilles... »

Château. Ancienne forteresse du Xe s. appartenant aux sires de Vergy, le château fut agrandi par les moines de Cluny au XIIIe s. Dévasté à la fin du XVIe s., l'édifice a conservé plusieurs vestiges de son architecture.

Église Saint-Aignan. Cet édifice rustique et trapu fut fondé au XIIe s. par un évêque de Langres et remanié aux XIVe et XVe s. Saint-Aignan abrite des statues du XVIe s., des boiseries et une grille du XVIIIe s., quelque tableaux et pierres tombales.

Environs. Combe de Lavaux. *3 km ouest.* Faille pierreuse et boisée, la pittoresque combe de Lavaux suggère maintes promenades (itinéraires balisés) et donne accès à la séduisante *Montagne,* univers marginal peu connu des touristes.

Fixin. *2 km nord.* Le petit village vigneron possède un ravissant lavoir et une église du XIVe s. coiffée de tuiles vernissées, mais est surtout connu pour les folies de son vieux grognard d'adoption. Le grenadier Noisot prit sa retraite après la chute de Napoléon et acheta une combe sauvage à Fixin. Il se fit construire une maison, réduction fantaisiste de la forteresse de Sainte-Hélène (aujourd'hui petit *musée napoléonien*), demanda au sculpteur dijonnais Rude de l'aider à faire du parc le domaine de l'empereur et de réaliser la statue représentant le « Réveil de Napoléon » (éveil à l'immortalité). Le fidèle bonapartiste se ruina en faisant fondre ce bronze important placé sur un socle de marbre noir où l'on peut lire : « A Napoléon, Noisot, grenadier de l'île d'Elbe, et Rude, statuaire, 1846 ». Tous les anciens grognards bourguignons assistèrent à l'inauguration du monument en 1847. Selon son désir, Noisot est enterré dans le parc, debout dans son uniforme, sabre au côté, face à son empereur.

Joigny

89300 Yonne. 25 km Auxerre.

Vieille cité assoupie, Joigny somnole sur un mamelon dominant l'Yonne aux larges méandres. Bien que la région appartienne géologiquement et historiquement à la Champagne, la ville est tournée vers la Bourgogne dont elle commande l'une des portes. Étape gastronomique du grand axe nord-sud, cette agglomération un peu hors du temps offre au flamboiement crépusculaire l'étagement des toits d'ardoises ou de tuiles serrés autour de trois églises, l'alignement des tilleuls et des petites façades bourgeoises d'un long quai sans unité architecturale.

Histoire. Le nom de Joigny dérive de *Jauniacus* ou *Joviniacum,* mais cette dénomination à sonorité latine est trompeuse, les Romains ne s'étant guère intéressés au site. L'agglomération se développa assez tardivement autour d'un monastère et d'une place forte ; une large enceinte protégea toute la cité et le château. Elle fut détruite au XIXe s. par une municipalité « éclairée » : il n'en subsiste que des fragments de remparts, la *porte du Bois* (XIIe s.) et la *porte Saint-Jean* (XIe ou XIIe s.), accès du château féodal inachevé (seul un pavillon témoigne du projet abandonné).

Officiellement *Joviniens,* les habitants aiment se faire appeler *Maillotins* en souvenir des maillets dont se seraient armés des insurgés, au XVe s., pour s'emparer du château et tuer leur seigneur, Guy de la Trémoille : il était accusé d'avoir pris le parti des Armagnacs (épisode de la guerre de Cent Ans). La ville brûla presque entièrement en 1530, mais quelques belles demeures survécurent à ce désastre. Au printemps 1981, une explosion de gaz, au cœur de la vieille ville, souffla et anéantit plusieurs de ces maisons.

Église Saint-André. Cette double église déconcerte quelque peu : agrandie et fort remaniée au XVIe s., elle conserve la nef défigurée d'une ancienne chapelle monastique (à droite). Éclairée par deux verrières du XVIe s. *(Arbre de Jessé, Triomphe de la Vierge),* le bas-côté gauche est la partie la plus intéressante de l'édifice. Il abrite un tombeau à gisant du XIIIe s., une Piéta du XVe s., une Notre-Dame de la Merci polychrome du XVIe s. et un fragment d'échelle anglaise rappelant le siège auquel les Maillotins résistèrent en 1429.

Église Saint-Jean. Malheureusement séparé de l'abside par un mur, le vaisseau principal possède une belle voûte à caissons, œuvre réalisée par un artiste local à la fin du XVIe s. Le bas-côté droit abrite une *Mise au Tombeau* du XVIe s. et la tombe à gisant d'Adélaïs, comtesse de Joigny morte en 1187. Le mobilier Louis XV provient de l'abbaye de Vézelay. Près de cet édifice se trouve la *porte Saint-Jean* qui fait face à une imposante maison en bois du XVIe s., restaurée récemment.

Église Saint-Thibault. Construite entre 1490 et 1529, à la fin de l'époque gothique, cette église fut très endommagée par le grand incendie et partiellement rebâtie ; sa tour carrée date du XIIIe s. et est couronnée d'un campanile. Mêlant les styles flamboyant et Renaissance, marquée d'un rien de classicisme, l'édifice présente un chœur curieusement dévié par rapport à l'axe de la nef. Parmi les œuvres d'art se remarquent une adorable statue de la *Vierge au Sourire* du XIVe s., une *Nativité* peinte sur bois et une *Crucifixion* de l'école d'Anvers. Face à Saint-Thibault se dresse une maison du XVIe s. restaurée dans son apparence primitive.

Environs. Saint-Cydroine. *4 km est.* Ancienne prieurale du XIe s., l'élégante et simple église à tour octogonale s'élève à l'emplacement présumé du supplice de saint Cydroine ou Cydoine, décapité au IIIe s. Près de là, *à Laroche,* commence le *canal de Bourgogne,* ourlé de peupliers et jalonné de charmantes petites maisons d'éclusiers. Creusé de 1775 à 1834, long de 242 km, il permet la liaison Seine-Rhône en réunissant l'Yonne à la Saône.

Saint-Julien-du-Sault. *15 km nord-ouest.* Ce petit bourg qui possède encore quelques maisons à pans de bois est dominé par une chapelle abandonnée du XIIIe s., seul vestige d'une ancienne résidence des archevêques de Sens. Remaniée au XVIe s., l'*église Saint-Julien* remonte aux XIIIe et XIVe s. Elle est éclairée par de très beaux vitraux des XIIIe s. et de la Renaissance.

Mâcon

71000 Saône-et-Loire. 24 km Cluny.

Règnant sur une région harmonieusement montueuse, le Mâconnais semé d'églises romanes et de manoirs, la ville natale d'Alphonse de Lamartine (1790-1869), témoigne d'un certain caractère bien que manquant de grands monuments illustres, maintes demeures anciennes et le couvent des carmélites ayant été stupidement abattus. Historiquement bourguignonne, mais de tempérament autonome, ex-capitale d'un important comté, Mâcon est mariée avec la Saône, sur laquelle les Gaulois éduens avaient installé un port.

Histoire. Située sur une voie fréquentée, l'ex-*Matisco* (d'où Mâcon) était un centre de ravitaillement important et possédait un arsenal. Un évêché y fut établi du VIe s. à la Révolution. Prise et reprise par les Barbares, meurtrie par les invasions sarrasines et hongroises, Mâcon devint à l'époque féodale la capitale d'un comté dont les seigneurs partagèrent, avec les moines de Cluny, la domination d'une région assez étendue. Acheté en 1239 par Saint-Louis, le fief fut cédé par Charles VII en 1435 au duc de Bourgogne Philippe le Bon ; le Mâconnais fut rattaché à la Couronne de France en 1477 avec l'ensemble du duché. Les guerres de Religion et la Révolution meurtrirent la ville. Préfectorale et tranquillement bourgeoise au XIXe et au début du XXe s., la cité connut un essor économique important après la Seconde Guerre mondiale, des industries nouvelles s'ajoutant au commerce des vins.

La Saône était jadis encombrée d'îlots boisés et de bras morts : des aménagements progressifs formèrent les quais, maintenant à forte circulation. En amont, le fleuve s'élargit pour devenir un beau plan d'eau animé par un centre sportif. Port important, Mâcon offre une façade fluviale intéressante du XVIIIe et du début du XIXe s. L'hôtel de ville est installé dans une fastueuse demeure du XVIIIe s. (voir le vestibule et le grand escalier) à proximité de laquelle se dresse une statue de Lamartine (1878). Rue Carnot — voie parallèle au quai — se trouve l'*hospice de la Charité :* sa chapelle ovale aux trois étages de galeries fut construite en 1775 d'après les plans de Melchior Munet, élève de Soufflot.

Le *Vieux Saint-Vincent* est le vestige de l'ancienne cathédrale détruite pendant la Révolution. Il ne reste pratiquement que le beau narthex roman du XIIe s. avec un tympan représentant le *Jugement dernier,* la grande façade aveugle et deux tours romano-gothiques. Une *église Saint-Vincent* (XIXe s.) abrite une *Crucifixion* peinte par David. *Place aux Herbes* se dresse une haute maison Renaissance ; construite en 1500, elle est ornée de figures fantastiques ou grotesques.

Hôtel Sénecé et **musée Lamartine.** L'hôtel Sénecé fut construit au début du XVIIIe s. dans le style Régence (les bâtiments encadrant la cour d'honneur sont de 1750). Cette résidence de l'ancien syndic des États mâconnais abrite deux musées tout à fait différents. La partie « Arts décoratifs » présente de beaux meubles, des tapisseries, des céramiques, des porcelaines, des peintures et des sculptures. Le « sanctuaire Lamartine » rassemble une importante documentation sur l'écrivain et l'homme politique, qui resta toute sa vie attaché au Mâconnais (il est né tout à côté, 5, rue de la Barre).

Musée municipal des Ursulines. Installé dans un couvent de la fin du XVIIe s., ce musée éclectique et séduisant évoque bien des époques, du solutréen à nos jours. Agréable et bien aménagé, il aide à mieux connaître la préhistoire de la Bourgogne méridionale, donne de nombreuses explications sur les fouilles et le gisement de Solutré, retrace la passé gallo-romain de Mâcon, évoque la Saône et la batellerie, l'Afrique fancophone. Un niveau est consacré aux porcelaines, céramiques et peintures. Un autre présente les artistes et les meubles régionaux.

Environs. Circuit Lamartine. Quoique grand voyageur et homme politique à vocation nationale, Alphonse de Lamartine demeura profondément attaché au Mâconnais, berceau de sa famille et pays de son enfance où il posséda des propriétés et voulut être enterré. Il le chanta notamment dans ses *Harmonies poétiques et religieuses :*

« Montagnes que voilait le brouillard de l'automne,
Vallons que tapissait le givre du matin,
Objets inanimés, avez-vous donc une âme
Qui s'attache à notre âme et la force d'aimer ? »

(Milly, ou la Terre Natale)

Le pèlerinage lamartinien permet de découvrir les lieux où vécut et travailla l'écrivain. Ne se passionnerait-on aucunement pour le poète que les paysages resteraient très beaux et très séduisants.

Château de Monceau. *7,5 km nord-est.* Cet édifice du XVIIe s., entouré d'une quarantaine d'hectares de vignes, revint à l'écrivain en 1833 par héritage. Il en aimait la charmille (Salon de Dieux) et le kiosque (La Solitude) où il rédigea *l'Histoire des Girondins* et *l'Ode au comte d'Orsay.*

Bussières. *11 km ouest.* Enfant, Lamartine étudia sous la direction du curé de ce village et de son vicaire. Plus homme que prêtre, ce dernier mit sa vocation entre parenthèses pendant la Révolution et connut le bonheur profane dans les bras d'une jeune fille noble. Oubliant cette folie après la tourmente, il reprit sa soutane et revint au village. Il inspira au poète imaginatif le personnage central de *Jocelyn* et fut évoqué dans *les Confidences.* Dominant le *vallon de la Petite Grosne,* le *château de Pierreclos* (XVIIe s.) appartenait à la famille de Jacqueline-Marguerite, la jeune fille momentanément tant aimée du vicaire de Bussières.

Milly-Lamartine. *12 km ouest.* Né à Mâcon, l'écrivain prétendit cependant avoir vu le jour dans cette charmante bourgade où il vint souvent jouer avec les enfants des vignerons pendant sa jeunesse. La maison des souvenirs, construite par son grand-père en 1705, est une belle demeure cossue, signalée par « une porte de cour un peu plus haute et un peu plus large que les autres ». Âgé et ruiné, Lamartine dut la vendre en 1860 et ne s'en consola pas.

Saint-Point. *25 km ouest.* Au milieu du cimetière, un joli clocher est piqué sur la petite église de la fin du XIe s. Lamartine fit construire une vilaine chapelle néo-gothique pour servir de caveau de famille ; il y repose en compagnie de sa femme, de sa fille morte tragiquement à l'âge de dix ans et de plusieurs parents.

Le château. Acheté par le père de Lamartine, le manoir de Saint-Point constitua la dot d'Alphonse en 1820. Le poète le transforma selon les goûts de l'époque romantique et en fit une résidence néo-gothique — machicoulis compris — du plus mauvais goût. Il y reçut de nombreux amis et écrivit plusieurs de ses œuvres dans un cabinet de travail resté intact. Le château-musée présente maints souvenirs de l'ancien maître des lieux, de ses proches et de ses familiers. Il est entouré d'un grand parc aux ombrages harmonieux. Les paysages de la région sont merveilleusement décrits dans *le Tailleur de pierre de Saint-Point,* ouvrage inspiré à Lamartine par un artisan sculpteur local.

Montbard

21500 Côte-d'Or. 80 km Dijon.

Petite cité industrialisée et active, Montbard s'enferme entre le ruban fantaisiste de la Brenne et le tracé rectiligne du canal de Bourgogne. Cette ancienne place forte des ducs de Bourgogne garde le souvenir d'un grand homme : Georges Louis Marie Leclerc, vicomte de Quincy, vidame de Tonnerre, marquis de Rougement, intendant du Jardin du roi, plus connu sous le titre de comte de Buffon.

Fils d'un conseiller au parlement de Bourgogne, né à Montbard en 1707, entré très jeune à l'Académie des sciences, l'auteur de la monumentale *Histoire naturelle générale et particulière* ne fut jamais un « vrai parisien ». Le fief de Montbard lui étant revenu, il rasa en 1742 une partie du château pour aménager des jardins et constituer des plantations d'arbres. De la puissante forteresse ne subsistent que la *tour de l'Aubespin,* donjon panoramique du XIIIe s. abritant des collections de préhistoire et d'histoire locale, et la *tour Saint-Louis,* ancienne chapelle seigneuriale où sont conservés divers souvenirs de Buffon et sa bibliothèque. A l'autre extrémité de la

terrasse supérieure du parc, se visite également l'ancien *cabinet de travail* du naturaliste.
Près de la modeste *église Saint-Urse* s'accole la petite chapelle du XVIIIe s. où Buffon fut inhumé en 1788.
Quelque peu transformés, les jardins du naturaliste sont aujourd'hui aménagés en plaisante promenade à l'ombre d'arbres magnifiques. Au no 1 de la place Buffon, se dresse l'hôtel élevé par l'écrivain.

Environs. Grignon. *12 km sud-est.* Perché sur une colline, le petit village de Grignon possède une église du XIIIe s. (beau retable de la Passion) et un ancien château féodal dont la terrasse offre une vue superbe.
A 6 km au sud-ouest, ruines imposantes du *château de Montfort,* détruit pendant la Révolution.

Montréal

89420 Guillon, Yonne. 12 km Avallon.

Dévallant une haute butte, Montréal groupe à plaisir vieilles maisons des XVe et XVIe s., tourelles, échauguettes, garde les vestiges de son enceinte et deux entrées médiévales, la *porte d'En-Bas* et la *porte d'En-Haut.* Place de guerre importante, la cité accueillit la reine Brunehaut et son fils Thierry, fut occupée par Édouard III d'Angleterre pendant la guerre de Cent Ans, reçut François Ier qui y tint ses États.

Collégiale. Construite au sommet de la colline, l'ancienne collégiale restaurée par Viollet-le-Duc date essentiellement de la fin du XIIe s. Précédée par la *porte d'En-Haut* lui servant de clocher, la façade s'ouvre par un portail aux portes jumelles du XIIIe s. Pavée de pierres tombales, l'église possède une tribune monumentale dont la partie centrale repose sur une fine colonnette. Elle abrite un magnifique retable d'albâtre du XVe s. qu'animent trente-cinq personnages contant la *Vie de la Vierge,* une chaire et un lutrin du XVe s., un triptyque du XVIe s., une Vierge du XVIIe s. Réalisées en 1522 par les frères Rigolley, de Nuits-sous-Ravières, les superbes stalles en chêne illustrent diverses scènes de l'Ancien et du Nouveau Testament : les tableautins sont aussi savoureux que fantaisistes.

Isle-sur-Serein. *3 km nord-est.* Ce bourg pittoresque possède plusieurs maisons Renaissance, un ancien couvent et une fontaine monumentale. Le Serein enlace une petite île portant les vestiges d'un château du XVe s.

Nevers

58000 Nièvre. 66 km Château-Chinon.

Héritière d'une importante place forte gauloise évoquée par César dans ses *Commentaires,* Nevers appartient historiquement et administrativement à la Bourgogne, mais est tournée vers le Sancerrois et le Bourbonnais : c'est une ville ligérienne, jadis grande étape des bateliers.
La capitale du Nivernais aux doux horizons doit beaucoup à l'un de ses ducs, Louis de Gonzague. Vers 1565, il y attira des verriers et des émailleurs italiens qui initièrent à leur technique artistes et artisans locaux, le « chemin de Loire » permettant de faire apprécier jusqu'à Angers ces fragiles productions. Au XVIIe s., l'industrie du verre et de la faïence atteignit son apogée, Nevers comptant alors douze fabriques employant près de deux mille ouvriers. La Révolution interrompt toute production ; aujourd'hui, trois fabriques seulement maintiennent la tradition. Le *musée municipal* permet de suivre l'évolution de cet art au cours des XVIe XVIIe et XVIIIe s. en présentant de très belles collections de faïences, d'émaux et de verres filés.
Dominant la Loire, la ville s'enveloppe sans coquetterie d'une banale périphérie moderne possédant des églises contemporaines d'architecture originale. Forte et racée, la *porte du Croux* (XIVe s.) donne accès à la vieille ville et abrite le *musée archéologique du Nivernais* présentant, entre autres, une belle collection de sculptures romanes.

Cathédrale Saint-Cyr et Sainte-Juliette. Durement touchée à la fin de la dernière guerre, cette étrange et belle église mariant les styles a nécessité une considérable restauration. Unissant les vestiges d'un édifice roman (milieu du XIIe s.) à la cathédrale gothique élevée après un incendie, en 1211, elle a la particularité, en France, de présenter deux absides. Surélevée au-dessus d'une crypte abritant une importante *Mise au tombeau* du XVIe s., l'abside romane s'ouvre à l'ouest par un ample arc en plein cintre ; sur la voûte se devine un *Christ en majesté,* peinture du XIIe s. très estompée. Les vestiges du seuil de la cathédrale romane apparaissent à l'autre extrémité de l'église, sous le chœur gothique. Le nouvel édifice fut élevé en plusieurs campagnes de travaux : le chantier démarra rapidement au milieu du XIIIe s., se poursuivit au ralenti jusqu'au XVe s. Le croisillon sud abrite un charmant escalier Renaissance ajouré au sommet duquel trône saint Michel terrassant le dragon.

Palais Ducal. Commencé dans la seconde moitié du XVe s. par Jean de Clamecy et terminé à la fin du XVIe s., cet édifice ambré d'une gracieuse élégance est flanqué de tours rondes ou à pans. Au milieu de la façade, la svelte tourelle centrale porte des bas-reliefs évoquant la légende du *Chevalier au cygne* (cet ancêtre allemand de la famille de Clèves, apparenté par mariage aux Gonzague, inspira Lohengrin). A l'est du palais subsistent les vestiges du *château de Gloriette* (XVIe s.).

Église Saint-Étienne. Édifice homogène aux lignes très pures, cette ancienne prieurale cistercienne date de la seconde moitié du XIe s. Présentant une façade sobre et un beau chevet à chapelles rayonnantes, privée de ses tours, elle abrite au chœur des chapiteaux sculptés de feuillages et de palmettes. Bel exemple d'architecture romane, Saint-Étienne apparaît comme un heureux compromis des influences bourguignonne et auvergnate.

Couvent Saint-Gildard. La maison mère des sœurs de la Charité de Nevers reçut Bernadette Soubirous, à qui la Vierge était apparue à Lourdes. Elle y prit le voile en 1867, sous le nom de sœur Marie-Bernard, et y mourut en 1879. Dans la chapelle où affluent les pèlerins, une châsse enferme son corps préservé de la corruption.

Environs. Au sud-est de Nevers, les *châteaux de Chevenon* (5 km) et de *Rozemont* (13 km) ne se visitent pas, mais leur situation en fait le but d'une belle promenade. Le puissant *château de Chevenon,* qui remonte au XIVe s., fut l'un des plus riches de la région jusqu'aux guerres de Religion (une partie du parc est ouverte au public). La forteresse *de Rozemont* date du XIIIe s. Un sentier aménagé la contourne, permettant de détailler son système de défense.

Nolay

21340 Côte-d'Or. 20 km Beaune.

Un petit bourg de charme... Accaparant la vieille place entourée de maisons à colombage, la grande *halle* de 1388 est coiffée d'un ample toit en lauzes porté par une magnifique charpente en châtaignier. Remaniée au XVIIᵉ s., l'*église* a été très restaurée après l'incendie de 1934 ; son clocheton en pierre abrite un jaquemart en bois polychrome du XVIᵉ s. Berceau de la famille Carnot, Nolay a élevé une statue au mathématicien, créateur des armées de la République, Lazare Carnot.

Environs. Les *falaises de Cormot* sont connues des amateurs de varappe.
Le *cirque du Bout du Monde* (4 km environ en voiture, puis courte marche) est un fort beau site sauvage, dominé par les pans calcaires d'abruptes falaises. Les eaux d'une haute cascade (28 m) y rebondissent.

Noyers

89310 Yonne. 30 km Avallon.

Blottie entre une colline surmontée d'un château fantôme et le Serein, Noyers est toujours protégée par ses anciennes fortifications aux seize tours rondes bien conservées. La *porte Peinte,* entrée principale, donne accès à des places et rues aux noms désuets : *place du Marché-au-Blé, place du Grenier-à-Sel, place de la Petite-Étape-aux-Vins, rues du Jeu-de-Paume, du Poids du Roy...* Le passé chante partout dans cette adorable cité où la plus simple demeure de vigneron rivalise de charme avec les maisons, en bois ou en pierre, du XIVᵉ au XVIIIᵉ s. L'*hôtel de ville* du XVᵉ s. repose sur des fondations du XIᵉ s. ; sur la façade refaite au XVIIᵉ s., ornée de balcons en fer forgé, sont signalées les crues du Serein qui ne mérite pas toujours son nom.

Église Notre-Dame. Bel exemple d'art flamboyant, l'édifice fut construit de 1491 à 1515. A la façade, nue, s'ouvre un portail très décoré. A l'intérieur, belles stalles du XVIIIᵉ s. et statue de Notre-Dame-du-Faubourg.

Un site gallo-romain (bâtiments agricoles et fermes) a été mis à jour à *la Tête de Fer* (1,5 km).

Nuits-Saint-Georges

21700 Côte-d'Or. 16 km Beaune.

La capitale de *la Côte de Nuits* (qui s'étend des environs de Dijon à ceux de Beaune) avait déjà grande réputation au temps de Louis XIV : le médecin du roi, Fagon, lui recommandait de boire le vin du très vieux vignoble local. Nuits a perdu ses anciennes murailles et reconstruit ses halles. La *tour de l'Horloge,* beffroi du XVIIᵉ s., abrite un petit *musée* rassemblant notamment le produit de fouilles effectuées au lieu-dit *les Bolards* (1,5 km). Dans l'hôtel de ville du XVIIIᵉ s., la salle du Conseil est décorée de fresques évoquant l'histoire de la vigne. Bacchus oblige !

Paray-le-Monial

71600 Saône-et-Loire. 70 km Mâcon.

Grand centre de pèlerinage, ville d'art et d'histoire, Paray-le-Monial s'étend sur la rive droite de la Bourbince, dans le pays d'opulentes prairies où s'engraissent des bœufs clairs, les célèbres charolais. Cette intéressante ville ancienne, où le *canal du Centre* a favorisé la création d'entreprises liées à la construction, est une agréable base d'excursions dans les proches Charollais et Brionnais, séduisantes régions de la Bourgogne occidentale.

Histoire. Paray était une bien modeste paroisse rurale quand fut créé en 971 un monastère qui s'affilia à l'ordre clunisien. Jugée trop petite par saint Hugues (grand abbé de Cluny), la première église fut remplacée par la superbe basilique dont la construction commença en 1090. Place forte où les religieux furent bientôt assez nombreux pour justifier son nom, la cité connut la prospérité au Moyen Age, un centre manufacturier produisant étoffes et toiles fines. Victime des guerres de Religion et du contrecoup de la révocation de l'Édit de Nantes, la ville déclinait quand le ciel vint à son secours : le *culte du Cœur de Jésus* devait en faire l'un des grands centres de pèlerinage mondiaux.

La dévotion au Sacré-Cœur. Née à Charolles, très jeune orpheline de père, Marguerite-Marie Alacoque fut pensionnaire chez les Clarisses, dans sa ville natale. Elle entra au couvent de la Visitation de Paray-le-Monial le 20 juin 1671, fit ses vœux l'année suivante. Aide-infirmière, elle eut une première apparition de Jésus le 27 décembre 1673, d'autres extases suivirent... Cela valut à la simple moniale l'ironie de ses compagnes, d'origine aristocratique. Soutenue par le père de la Colombière et la mère Helin (supérieure de la communauté), Marguerite-Marie parvint à convaincre une nouvelle génération de religieuses (elle s'occupa des novices) et vit se propager le culte du cœur de Jésus. Béatifiée en 1864 par Pie IX, canonisée en 1920 par Benoît XV, la sainte est fêtée le 16 octobre.
En 1873, année pendant laquelle l'Assemblée nationale déclara d'utilité publique la construction du Sacré-Cœur de Paris, fut organisé un premier grand pèlerinage à Paray-le-Monial. Depuis, des milliers de pèlerins se recueillent chaque année sur les lieux où vécut Marguerite-Marie Alacoque.

Basilique du Sacré-Cœur. Évocation fidèle de Cluny III détruite, l'ancienne et admirable prieurale devenue basilique est un parfait exemple d'architecture romane (à l'exception d'une petite chapelle) érigée d'un seul jet entre 1090 et 1109-1110. Ce joyau où chante la lumière remplaça l'église originelle dont l'étroit narthex, selon une thèse très controversée, pourrait être le témoin.

Extérieur. L'édifice de pierre claire, superbement proportionné, offre au miroir d'eau de la Bourbince, le spectacle du vieux narthex au rez-de-chaussée voûté d'arêtes. Il est dominé par deux tours carrées, l'une rude et rustique (XIᵉ s.), l'autre plus coquette et plus complexe. D'un parfait équilibre, évoquant ceux d'Auvergne, le grand chevet étagé est veillé par un élégant clocher de croisée dont la flèche se dresse à 56 m du sol.

Intérieur. Surprenante par son dépouillement, par le jeu des ombres et de la lumière (agencement des fenêtres particulièrement savant), l'édifice est marqué par l'élévation clunisienne (22 m sous voûte), le triple étagement de la nef, le transept et la travée droite du chœur. Flanqué de chapelles absidiales, le déambulatoire (le « promenoir des Anges ») contourne le chœur meublé au XVIIᵉ s. Le rapport des volumes et l'éclairage comptent davantage que le décor sculpté qui souligne l'architecture plus qu'il ne s'impose (la sculpture ne prend une relative importance qu'aux portails sud et nord du transept, visibles de l'extérieur). L'abside en cul-de-four a conservé une pâle fresque du XIVe s. ; représentant un *Christ en gloire,* elle fut redécouverte en 1935 lors d'un décapage. L'absidiole romane du croisillon droit a été remplacée au XVe s. par une chapelle flamboyante consacrée à saint Georges.

A droite de la basilique, les bâtiments de l'*ancien prieuré* (XVIIIe s.) enferment le cloître qui donnait accès au portail sud; ils abritent actuellement une école. Derrière s'étendait le château des abbés de Cluny dont la *maison des Pages* est un vestige. Cette dernière abrite la *Chambre des reliques,* reconstitution d'une cellule de Visitandine où sont réunis divers souvenirs de Marguerite-Marie Alacoque.
Dans le vaste et calme parc des Chapelains, où les processions et les chemins de croix suivent des allées ombragées, a été composé (1935) un diorama évoquant l'histoire de la ville et la vie de la sainte.

Chapelle de la Visitation. Construite à partir de 1633 pour la communauté des Ursulines, très restaurée au XIXe s., c'est la chapelle où la religieuse vit apparaître Jésus et eut la révélation du « cœur si passionné d'amour ». La sainte repose dans une châsse en argent doré sous une effigie de cire.

Hôtel de ville et **tour Saint-Nicolas.** La mairie occupe une insolite maison Renaissance construite entre 1525 et 1528 pour un riche fabricant de serges, Pierre Jaillet. La façade en pierre dorée s'orne à profusion de médaillons, de statuettes et de coquilles saint-jacques. En face, couronnée d'un dôme, la massive *tour Saint-Nicolas* (XVIe s.) est le clocher d'une église mutilée ; elle veille un charmant jardin à fontaine.

Musée eucharistique du Hiéron. Fondé en 1890, ce musée à la gloire de Dieu et de l'Eucharistie, n'a rien de saint-sulpicien. Il rassemble des œuvres de grande valeur archéologique et artistique : objets liturgiques, tableaux et sculptures, autels, tabernacles, superbe tympan (XIe s.) provenant de l'ancien prieuré d'Anzy-le-Duc.
Face au Hiéron, une chapelle moderne de style romano-byzantin abrite la châsse du bienheureux Claude de la Colombière, confident et protecteur de Marguerite-Marie Alacoque.

Pierre-qui-Vire (abbaye de la)

89 Yonne. 30 km Avallon.

L'imposant monastère fondé par les bénédictins en 1850 s'isole dans un repli verdoyant et boisé du Morvan septentrional : le calme est total quand s'éloignent les voitures des touristes qui ont accès à l'église du XIXe s. et à la vaste librairie (les religieux, spécialisés dans les éditions d'art, publient notamment la célèbre série du *Zodiaque,* consacrée à l'art roman).
La légende veut que la « Pierre-qui-Vire » ait été un énorme bloc de granit s'animant au son de l'angélus pour tourner sur lui-même. La réalité est plus prosaïque : le monolithe ayant donné son nom au couvent vacillait quelque peu, ce qui nécessita son scellement.

Pontigny

89230 Yonne. 15 km Chablis.

Fille de Cîteaux, l'abbaye de Pontigny fut fondée en 1114 par un compagnon de saint Bernard et quelques moines. Agrandie au milieu du XIIe s., elle reçut trois archevêques de Cantorbery brouillés avec le pouvoir royal : l'illustre Thomas Becket (de 1164 à 1166), le prédicateur et universitaire Étienne Langton (de 1208 à 1213) et Edmond Rich (saint Edme en Bourgogne) qui y mourut en 1240 et fut canonisé dès 1246. Longtemps puissant, l'établissement cistercien déclina après les guerres de Religion, perdit son palais abbatial pendant la Révolution, mais les sans-culotte respectèrent l'église tant était vive leur vénération pour saint Edme.

Abbatiale. D'une blancheur crayeuse, la grande église du XIIe s. est longue de 108 m, haute de 21 m sous voûte. Construite grâce à l'aide financière de Thibault le Grand, comte de Champagne, très harmonieuse dans sa nudité, elle fut intérieurement réaménagée après les guerres de Religion. Entouré par des grilles élégantes au XVIIIe s., le chœur est dominé par le monument de saint Edme élevé à la fin de l'Ancien Régime, la châsse contenant les reliques du saint est du siècle dernier ; belles stalles des XVIIe et XVIIIe s. : originale Vierge abritant des personnages en prière sous son manteau (XVIe ou XVIIe s., bras droit du transept).

Pouilly-en-Auxois

21320 Côte-d'Or. 42 km Dijon.

Nichée au pied du mont de Pouilly (569 m d'altitude), cette petite ville-carrefour se situe au débouché d'un tunnel... pour péniches : une traversée souterraine de 3 333 m permet au canal de Bourgogne de passer du bassin du Rhône à celui de la Seine.

Environs. Église Notre-Dame-de-Trouvée. *1 km sud.* Au flanc de la butte Saint-Pierre, cette chapelle des XIVe et XVe s. est l'ancienne dépendance d'un château disparu. Elle abrite une Vierge miraculeuse, Notre-Dame Trouvée, depuis les origines objet de pèlerinage ; le beau *Saint-Sépulcre* du XVIe s. réunit de nombreux personnages. Près d'une entrée, hors du cimetière, un curieux monument du XVe s. groupe une chaire, un autel et un calvaire.

Château de Chailly-sur-Armançon. *6,5 km ouest.* En pleine campagne, le gros manoir harmonieux remonte au XVe s. Flanqué de tours rondes, il possède une façade Renaissance d'une sobre délicatesse. Au sud, le plan d'eau de *Cercey* est un réservoir du canal de Bourgogne.

Mont Saint-Jean. *18 km nord-est.* Les vestiges d'un château fort entourés d'allées ombragées dominent un site superbe. Le vieux bourg féodal, aux fortifications abolies, rassemble de belles maisons anciennes.

Quarré-les-Tombes

89630 Yonne. 19 km Avallon.

Au nord-est du Morvan, dans une pittoresque région de bocages et de bois, cette localité doit son nom funèbre à la centaine de sarcophages visibles autour de l'église (on en compta beaucoup plus, mais les pierres tombales furent utilisées comme matériel de construction). Les frustes et solides sépultures semblent témoigner de l'existence d'un important atelier funéraire, fabrique de sarcophages ayant cessé son activité à l'aube du Moyen Age.

Saint-Léger-Vauban. *5,5 km nord-est.* Jadis appelé *Saint-Léger-de-Foucheret,* le tranquille village a été rebaptisé en l'honneur d'un enfant célèbre du pays, le marquis de Vauban. La grande maison où naquit le futur ingénieur militaire existe toujours.

Rochepot (château de la)

21 Côte-d'Or. 5 km Nolay.

Pourquoi bouder son plaisir ? A l'instar de Pierrefonds et du Haut-Koenigsbourg, ce château est, certes, une reconstruction, mais sa silhouette altière est fidèlement médiévale et le tableau général splendide : peu importe que la plupart des pierres soient « modernes »... Le premier édifice, une rude forteresse, avait été planté au sommet de la hauteur boisée au XIIe s. Il fut rebâti au XVe s. par le chevalier Régnier Pot. Philippe Pot, grand homme d'État bourguignon, y naquit en 1428. Le château perdit son donjon pendant la Révolution, puis se dégrada. Sa résurrection est due au fils du président Sadi Carnot, descendant de l'enfant célèbre de Nolay, le conventionnel Lazare Carnot.

Défendu par les tours pointues, le pont-levis donne accès à une cour d'honneur dont le puits à la belle ferronnerie est profond de 70 m. Les visiteurs découvrent la salle des gardes, de superbes cuisines, la salle à manger richement meublée, la chapelle, la tour nord et le chemin de ronde (belle vue sur la cuvette verdoyante mêlant vignes de la haute Côte de Beaune et pâturages).

Contourné par la nationale, le petit village de la Rochepot possède une église romane très remaniée à clocher Renaissance.

La gendarmerie est installée dans une maison gothique.

Saint-Fargeau

89170 Yonne. 44 km Auxerre.

Au cœur de la secrète Puisaye mêlant bocages et bois giboyeux, le village de Saint-Fargeau est chargé de souvenirs : il se soumit à Jeanne d'Arc en 1429, fut un des fiefs de Jacques Cœur, reçut la « Grande Mademoiselle » et Lauzun, Lully, Le Pelletier...

Château. L'histoire du bourg est liée à celle du beau château bâti à l'emplacement d'une forteresse du haut Moyen Age. Cet ample et robuste pentagone flanqué de solides tours à campanile possède une silhouette encore bien médiévale, quoique datant essentiellement du XVe s. ; il se pare cependant de magnificences Grand Siècle avec sa cour d'honneur au superbe perron.

La demeure sembla bien sévère à Mademoiselle de Montpensier lorsqu'elle y fut exilée, de 1652 à 1657, sur l'ordre de Louis XIV, qui ne lui avait pas pardonné son rôle dans la Fronde. Elle s'empressa de demander à Le Vau de l'embellir et de la réaménager. Le domaine appartint par la suite à Le Pelletier, conventionnel assassiné après avoir voté la mort de Louis XVI.

Enchâssé dans la forêt, parcouru de longues allées et éclairé par un lac, le parc du domaine (110 ha) occupe une partie de la vallée du Bourdon.

Ville. Saint-Fargeau s'ouvre par une ancienne porte fortifiée du XVe s., tour de brique et de pierre. Des XIIIe et XIVe s., l'église est dominée par une svelte flèche couverte d'ardoise. La façade gothique est percée d'une superbe rose rayonnante. A droite de la nef, belle *Pietà* polychrome du XVIe s. ; dans une chapelle absidiale, triptyque sur bois de la *Passion,* du XVe s. ; stalles et *Charité de saint Martin* (bois sculpté du XVIe s.).

Écluses de Rogny. *20 km nord-est.* Ce charmant village, constitué de petites maisons basses s'étirant le long d'un canal mélancolique, s'enorgueillit d'un ouvrage d'art étonnant. Construites de 1605 à 1642 sous l'ordre d'Henri IV, sept écluses permettaient aux bateaux circulant sur le *canal de Briare* de passer du vallon de la Trézée dans la vallée du Loing. Escortées de sapins sombres, ces surprenantes marches d'eau pour géant ont été désaffectées en 1887.

Saint-Florentin

89600 Yonne. 25 km Chablis.

Au sud de la forêt d'Othe, Saint-Florentin s'étage au-dessus du canal de Bourgogne, au confluent de l'Armançon et de l'Armance. Modeste centre industriel dans une région agricole productrice de fromages, la ville a été en partie reconstruite après les bombardements de 1944. Elle n'appartient pas à la Bourgogne historique, ayant été rattachée à la Couronne de France dès le XIVe s., après avoir appartenue à la Champagne.

Église. Commencée en 1376, elle se dresse dans un quartier pittoresque aux rassurantes maisons anciennes. Inachevé (la nef ne comporte que deux travées), l'édifice gothique et Renaissance unit à la courte nef un ample chœur éclairé par des vitraux du XVIe s. Entouré d'une jolie clôture à colonnettes cannelées, fermé par un jubé à arcades (vers 1600), le chœur abrite les reliques de saint Florentin. Un beau retable du XVe s. montre une *Vierge à l'Enfant* entre saint Agnès et sainte Reine.

Saint-Père-sous-Vézelay

89450 Vézelay, Yonne. 2 km Vézelay.

Blotti dans une verte vallée que rafraîchit l'eau vive de la Cure, ce tranquille village est dominé par l'acropole de Vézelay (VOIR CE NOM). La calme localité, devenue étape gastronomique avec l'essor d'un grand restaurant prôné par tous les guides, a une origine fort ancienne : Girart de Vienne — ou de Roussillon — y aurait fondé un couvent de bénédictines au IXe s., couvent bientôt transféré sur la colline pour des raisons de sécurité.

Église Notre-Dame. Construit aux XIIIe, XIVe et XVe s., à l'emplacement d'une chapelle dépendant du couvent disparu, l'édifice doit ses airs de petite cathédrale à sa remarquable façade au superbe et ample porche protégeant le tombeau des donateurs (1258). Surmonté d'un joli pignon, le narthex du XIVe s., au décor du XVe s. (pinacles, balustrade), abrite trois portails restaurés par Viollet-le-Duc. Dédiée à Notre-Dame en 1455, puis sous le patronage de saint Pierre-aux-Liens (d'où le nom de Saint-Père), l'église est aussi simple intérieurement qu'elle apparaît riche et imposante à l'extérieur. Comme la façade et le clocher, la nef, les bas-côtés, l'essentiel du chœur et les chapelles datent du XIIIe s. Notre-Dame, puisque ce nom a prévalu, abrite des fonts baptismaux carolingiens, deux bénitiers en fonte du XVe ou du XVIe s., un gisant très mutilé du XIIIe s., une pierre d'autel du Xe s., souvenir de l'église primitive.

Musée archéologique. Dans le charmant presbytère du XVIIe s., cet intéressant petit musée évoque essentiellement les fouilles des Fontaines-Salées : le site archéologique a livré des silex taillés, des cuvelages en chêne du Ier millénaire avant notre ère, des urnes funéraires, des céramiques, des ex-voto. D'autres objets usuels ou d'art évoquent l'époque mérovingienne et le Moyen Age ; une salle de numismatique rassemble des pièces antiques.

Environs. Fontaines-Salées. *2 km est.* Dans une campagne paisible et montueuse, un site archéologique exceptionnel : les sources d'eau salée où éclatent de grosses bulles furent utilisées dès le VIe millénaire av. J.-C. Les fouilles ont fait découvrir les traces de captages protohistoriques (les eaux étaient canalisées par des troncs de chêne évidés par le feu), un champ d'urnes funéraires (900 av. J.-C.), un sanctuaire celtique, les ruines d'importants thermes gallo-romains. Une visite au *musée archéologique de Saint-Père-sous-Vézelay* est indispensable pour mieux comprendre ce que fut ce lieu aujourd'hui isolé.

Pierre-Perthuis. *4 km sud-est.* Dans un site particulièrement agréable, ce petit village s'accroche aux rochers dominant la Cure ; le défilé de la petite rivière torrentueuse est commandé par un château ruiné, forteresse où Philippe Auguste réunit ses barons en 1189.

Bazoches-du-Morvan. *6 km sud de Pierre-Perthuis.* Le château médiéval fut acquis en 1673 par le maréchal Vauban qui le fit reconstruire en grande partie ; il repose dans la petite église du XIIe s., agrandie par ses soins. Sur ordre de Napoléon Ier, le cœur du grand homme fut transféré aux Invalides en 1808.

Saint-Sauveur-en-Puisaye

89590 Yonne. 11 km Saint-Fargeau.

Rue des Vignes, une plaque signale la *maison de Colette,* qui naquit à Saint-Sauveur, en 1873, y passa son enfance avec sa mère, l'humble et chaleureuse Sido (la romancière évoque joliment sa demeure natale et la Puisaye dans *la Maison de Claudine* et *Sido*). Un château du XVIIe s. est flanqué d'une grosse tour du XIIe s. envahie par le lierre. Du XIIe s. également, l'église a été remaniée au XVIe s.

Environs. Treigny. *8 km sud.* Cette petite ville se flatte de posséder la « cathédrale de la Puisaye ». Ce bel édifice des XVe et XVIe s. est de style gothique flamboyant.

Château de Ratilly. *2 km nord-ouest de Treigny.* Les tours rousses du château de Ratilly apparaissent dans la perspective d'une allée cavalière. Cette forteresse des XIIIe et XVIe s. héberge des potiers d'art perpétuant la tradition puyandine.

Parc Saint-Hubert. Boutissaint. *6 km nord-ouest de Ratilly.* Ce « conservatoire de la nature » s'étend sur 400 ha. Le domaine de feuillus aux étangs mélancoliques est habité, entre autres, par des cerfs, biches, daims, mouflons, sangliers. Vivants en liberté, il faut beaucoup de patience pour avoir le plaisir de rencontrer ces animaux « sauvages ». Le parc est également ouvert aux pêcheurs.

Saint-Seine-l'Abbaye

21440 Côte-d'Or. 26 km Dijon.

En venant de Dijon, le village se découvre dans un fond de vallée, serré autour de son église-musée qu'illumine le soleil. Le nom du petit bourg n'évoque pas les proches sources de la Seine, mais celui du pieux *Sigo,* ou *Seigne,* qui fonda là un établissement monastique au VIe s.

Histoire. L'abbaye, autour de laquelle grandit le bourg, fut célèbre très tôt : elle accueillit en 774 l'échanson des rois Pépin le Bref et Charlemagne, haut personnage converti à la vie monastique, et le futur saint Benoît d'Aniane. L'abbé Olivier décida de construire l'abbatiale au XIIe s. Maintes fois saccagés, les riches bâtiments monastiques furent fortifiés en 1361 et rebâtis au XVIIIe s. ; Louis XIV y séjourna deux fois.

Abbatiale. Caractéristique du gothique bourguignon, l'ancienne abbatiale témoigne d'une réelle unité de style bien que sa construction se soit éternisée du XIIIe au XVe s. Un seul clocher du XVe s. (auquel devait répondre une tour jumelle) domine la façade claire s'ouvrant par un haut porche face à une montée. La simple nef sans triforium cadre un chœur à chevet plat dans lequel une importante rose a été remontée au XVIIIe s. De la même époque, une double rangée de stalles s'adosse à deux cloisons en pierre surmontées d'un couronnement flamboyant, murs portant au revers de remarquables peintures. La clôture nord, à gauche, fait revivre l'histoire de saint Seine (1504) ; celle du sud fut peinte une vingtaine d'années plus tard : Arbre de Jessé, présentation d'un chevalier bourguignon à l'Enfant Jésus, illustration des litanies de Notre-Dame. A l'extrémité du transept, pierre tombale de l'abbé Jean de Blaisy (représenté sous forme de squelette) et, plus finement sculptée, celle de l'abbé Pierre de Fontette.

Sources de la Seine. *9 km nord-ouest.* Dans un vallon verdoyant et planté de grands pins, un ruisseau clair perdu dans les herbes : la Seine, deuxième fleuve de France. La source principale bouillonne sous une fausse grotte Napoléon III construite par le baron Haussmann. Des fouilles ont fait découvrir les vestiges d'un temple gallo-romain, ainsi que des statues et statuettes, des ex-voto, trouvailles réunies au *musée archéologique de Dijon* (la Seine était déifiée sous le nom de *Sequana*).

Saint-Thibault

21350 Vitteaux, Côte-d'Or. 19 km Semur-en-Auxois.

Près d'un petit village de l'Auxois, les vestiges d'une grande église... Dû à la générosité de Robert II, duc de Bourgogne, et de sa femme, fille de Saint Louis, le sanctuaire fut élevé à la fin du XIIIe s. pour abriter les reliques de saint Thibault ; il s'effondra en 1686. Le chœur hardi et lumineux conserve ses dimensions de cathédrale, mais la nef qui lui est accolée n'est pas à l'échelle. Ce modeste vaisseau reconstruit au XVIIIe s. est orné de boiseries de la même époque.

Portail. Au flanc nord, un porche protège le magnifique portail appartenant à l'ancien transept. Véritable album de pierre, le tympan illustre la

Mort, l'Assomption et le Couronnement de la Vierge ; les Vierges sages et les Vierges folles peuplent les voussures en compagnie de personnages de l'Ancien et du Nouveau Testament. Rajoutées au début du XIVe s., apparaissent les statues de saint Thibault (au trumeau), des bienfaiteurs de l'église et un évêque d'Autun ; de la fin du XVe s., les trente panneaux des vantaux évoquent la vie de saint Thibault.

Chœur. Admirable réussite, le chœur à cinq pans fut élevé vers 1300. Merveilleusement élancé, allégé par le jaillissement de délicates colonnettes, il s'achève par une abside éclairée d'une double rangée de fenêtres gothiques encadrant le triforium au-dessus d'une arcature aveugle. L'autel est orné de deux retables en bois polychrome du XIVe s. A droite du chœur, la tombe d'Hugues de Thil, fondateur de l'ancien prieuré. Dans la chapelle Saint-Gilles, grande châsse en bois de saint Thibault du XVe s., restaurée en 1687.

Environs. Vitteaux. *7 km nord-est.* Dans un bassin envahit de cultures, le petit bourg de Vitteaux a conservé les vestiges de son *château fort,* des *halles* du XIVe s., plusieurs demeures anciennes dont la belle *maison Belime* (XIIIe s.) ouvrant ses fenêtres géminées sur la rue principale. Construite au XIIe s., l'*église Saint-Germain* fut remaniée à la Renaissance et dotée de chapelles. Elle possède un intéressant portail du XIIIe s. avec des vanteaux du XVe s. La deuxième chapelle du bas-côté droit abrite un important triptyque du XVIe s. Du XVe s., les sculptures de la tribune d'orgue relatent les épisodes de la Passion selon saint Matthieu.

Château de Posanges. *3 km nord de Vitteaux.* Élevé par un maître d'hôtel de Philippe le Bon, vers 1440, le château de Posanges aux grosses tours rondes et à l'entrée fortifiée a conservé toute son apparence de forteresse médiévale. Il abrite aujourd'hui des ateliers d'art.

Santenay

21590 Côte-d'Or. 20 km Beaune.

Blottie dans la verdure au pied du *mont de Sène,* également appelé montagne des Trois Croix (521 m d'altitude), la dernière commune importante de la Côte de Beaune propose vins fins et... eaux minérales, connues depuis l'Antiquité. Loti d'un casino, le *quartier thermal,* à Santenay-le-Bas, s'est agrandi au XIXe s. avec le creusement de nouveaux forages.

Du XIIIe s., la modeste *église de Saint-Jean-de-Narosse* abrite un saint Roch et un saint Martin en bois polychrome du XVe s., une Vierge du XVIIe s. ; refait au XVe s., le chœur a été doté d'une curieuse voûte à réseau d'ogives.

Accessible à pied depuis Santenay-le-Haut, le *château fort* au donjon carré du XIVe s. est recouvert d'une éblouissante toiture en tuiles vernissées ; il commande un superbe panorama (table d'orientation).

Saulieu

21210 Côte-d'Or. 39 km Avallon.

Ville étape en avant-poste du Morvan, Saulieu se fit tôt une réputation gastronomique. N'est-ce pas là que Madame de Sévigné s'y grisa pour la première fois de sa vie ? Grâce à un restaurant réputé et étoilé, la petite ville conserve sa notoriété gourmande.

Histoire. Au IIe s., l'antique *Sidolocus* vit le martyre d'Andoche et de Thyrse, missionnaires venus d'Orient évangéliser le rude Morvan. Une abbaye fut fondée au VIIIe s. sur leurs tombes et devint le but d'un important pèlerinage. La ville connut un réel essor au XVIIe s. avec l'aménagement de la route Paris-Lyon, devenue la nationale 6.

Basilique Saint-Andoche. Passée collégiale lorsque les moines laissèrent la place aux chanoines, promue basilique en 1919, Saint-Andoche remonte au XIIe s. L'édifice a beaucoup souffert pendant la guerre de Cent Ans, les guerres de Religion et la Révolution. Il fut mutilé, défiguré, et doté au XVIIIe s. d'un nouveau chœur ; il ne présente qu'un relatif intérêt architectural quoique témoignant des influences clunisiennes. Il ne mériterait qu'une rapide visite s'il ne renfermait d'admirables et fantaisistes *chapiteaux romans* (motifs végétaux très variés, faune étrange, scènes bibliques). L'église abrite le sarcophage restauré de saint Andoche ainsi qu'une belle Vierge à l'Enfant offerte par Madame de Sévigné, des stalles sculptées de la fin du XIVe s.

Musée. Devant Saint-Andoche, une jolie fontaine du XVIIIe s. orne la place qui borde le presbytère, séparé de la basilique par une cour vieillotte. Cette charmante demeure du XVIIe s. réunit d'éclectiques collections locales, notamment des pièces archéologiques, des œuvres originales de Pompon, des témoignages des arts et traditions populaires de la région.

Enfant du pays, François Pompon (1855-1933) repose au chevet de l'*église Saint-Saturnin* (XVe s.). Le sculpteur animalier, longuement évoqué au musée, est l'auteur de la statue du taureau qui se dresse en bordure de la nationale 6.

Château et collégiale de Thil. *16 km nord-est.* A l'écart du village de *Précy-sous-Thil,* se voient les ruines d'un château plusieurs fois reconstruit et celles d'une collégiale de 1340. Belles vues sur l'agréable campagne.

Semur-en-Auxois

21140 Côte-d'Or. 18 km Montbard.

Séduisante capitale de l'Auxois, Semur devrait sa fondation... à Hercule. Ignorant cet épisode légendaire, l'histoire met en valeur le rôle des ducs qui en firent une importante place forte et élevèrent sa cathédrale. Campée sur un éperon de granit, d'allure médiévale avec ses remparts, les vestiges de son *château* démantelé et sa vieille *porte Sauvigny* du XVe s., la ville aux ruelles étroites est enlacée par l'Armançon, petite rivière traçant un profond méandre. Après en avoir pris la mesure de l'autre rive, il faut y accéder de préférence par la courte *rue Buffon* bordée de maisons à colombage et encorbellement. Au XVIe s., sous peine d'amende, les jeunes mariés devaient planter deux arbres sur les chemins accédant à la ville.

Église Notre-Dame. Fondée au XIe s. par le duc Robert Ier (désireux de se faire pardonner par le Tout-Puissant le meurtre de son beau-père), l'église fut reconstruite aux XIIIe et XIVe s., dotée de chapelles, puis restaurée par Viollet-le-Duc de 1844 à 1864.

Extérieur. Deux clochers carrés enserrent la façade du XIVe s., que précède un grand porche du XVe s.

hérissé de flèches de pierre à crochets. Au flanc nord, la porte des Bleds (des blés) date du XIIIe s. ; joliment ouvragé, le tympan conte la légende de saint Thomas ; deux escargots de pierre grimpent le long d'une colonnette, rappelant le temps où les gastropodes foisonnaient dans le pays.

Intérieur. Bien qu'ayant subi des modifications, Notre-Dame reste un bel exemple du style ogival bourguignon. La nef élancée surprend par son étroitesse (moins de 7 m de large, plus de 21 m de haut). Dans son prolongement, le chœur (XIIIe s.) a conservé de gros piliers ronds ornés de beaux chapiteaux et d'un triforium aveugle. Les chapelles du bas-côté gauche (les plus intéressantes, essentiellement du XVe s.) sont éclairées par des vitraux montrant les bouchers et les drapiers d'autrefois ; la deuxième chapelle abrite une émouvante *Mise au Tombeau* polychrome de 1490. Derrière la chaire se dresse un haut *ciborium* du XVe s. en forme d'obélisque et orné d'un clocheton ouvragé ; ce monument assez rare servait à protéger les saintes huiles.

Vestige du château démantelé sur l'ordre d'Henri IV, la *tour de l'Orle d'Or* (les créneaux disparus étaient recouverts de plomb cuivré) abrite un petit *musée* appartenant à la Société des sciences historiques et naturelles de Semur (géologie, archéologie, folklore). Derrière Notre-Dame, l'ancien couvent des jacobines possède une importante *bibliothèque,* riche de précieux manuscrits et incunables, ainsi qu'un petit *musée.*

Environs. Lac de Pont. *3 km sud.* Dans un paysage doux et ondulé, couvert de bois, de champs et de prairies, le lac de Pont (80 ha) est un réservoir qui sert à alimenter le canal de Bourgogne. Les rives ont été aménagées pour la baignade.

Château de Bourbilly. *9 km sud-ouest.* Restaurée au XIXe s., cette ancienne maison forte du XVe s. appartint à la famille de sainte Jeanne de Chantal et de Madame de Sévigné.

Settons (lac des)

58 Nièvre. 28 km Saulieu ou Château-Chinon.

En plein cœur du Morvan, dans un magnifique paysage boisé de sapins et de mélèzes, le lac artificiel des Settons miroite sur 359 ha. Une route et des sentiers longent les rives partiellement aménagées pour la plaisance et les sports nautiques. L'été voit arriver les campeurs, l'automne les oies sauvages, les canards... La petite villégiature des Settons, au nord du lac, se compose essentiellement de résidences secondaires et d'hôtels simples.

Solutré

71960 Pierreclos, Saône-et-Loire. 9 km Mâcon.

Le haut escarpement calcaire de Solutré veille aujourd'hui un petit village et l'alignement des vignes produisant le sec pouilly-fuissé.
Ce donjon naturel (495 m d'altitude) rallia les hommes du plus-que-passé ; ils s'y sentaient en sécurité et trouvaient en abondance des silex permettant de fabriquer armes et outils. La quantité, la qualité et l'originalité de l'outillage lithique trouvé en cet endroit fit baptiser *solutréen* un faciès du paléolithique supérieur (– 20000 à – 15000).
Le vaste gisement préhistorique de Solutré fut découvert accidentellement en 1866 : une superbe pointe de silex émergeait au pied de *la Roche,* au lieu dit *Cros-du-Charnier.* Situé dans un éboulis, à la base de la falaise, le gisement avait été affecté par les mouvements du terrain. Plusieurs campagnes de fouilles, échelonnées jusqu'en 1926, firent découvrir un stupéfiant empilement de couches reposant sur un niveau moustérien (paléolithique moyen). Il semble qu'un groupe humain venu du Poitou se soit maintenu pendant des millénaires, sans essaimer, or le site n'a pas livré tous ses mystères.
Au niveau périgordien, une zone intermédiaire est constituée d'un magma d'ossements de chevaux essentiellement (10 000 ou 100 000 bêtes ?), épaisse de 40 cm à 2 m. Les spécialistes sont loin d'avoir terminé leurs comptes, mais ont réussi à reconstituer la silhouette du cheval de Solutré : il était petit, avait une grosse tête et une faible encolure. Une thèse veut que les chasseurs d'il y a 15 000 ou 20 000 ans aient rabattu les troupeaux de chevaux sauvages, les poussant à se jeter dans le vide du haut de la falaise. Elle n'est pas prouvée... mais rien n'explique pourquoi les animaux se seraient suicidés collectivement ! Le *musée des Ursulines,* à Mâcon, évoque les recherches des archéologues et présente le produit des fouilles.

Le très vieux *château fort* commandant le pays du haut de *la Roche* fut rasé en 1435 sur l'ordre de Philippe le Bon. Il n'en reste que des traces sur le socle rocheux commandant une large vue panoramique.

Taizé

71250 Saint-Gengoux-Le-National, Saône-et-Loire. 10 km Cluny.

Petit bourg aux belles maisons ocres dominant la vallée de la Grosne, Taizé possède une très simple église romane du XIIe s. et une réputation internationale.

La communauté. Un peu à l'écart du village, fondée en 1940, la communauté œcuménique de Taizé rassemble plus de quatre-vingts frères d'une quinzaine de nationalités. Issus de toutes les églises, les religieux vivent exclusivement de leur travail et organisent des retraites, des pèlerinages, des stages ralliant des milliers de jeunes (près de 40 000 personnes assistèrent au concile de 1974).

Église de la Réconciliation. Inauguré en 1962, cet édifice en béton est le cœur de la communauté. Éclairée par des petits vitraux carrés, illustrant les grandes fêtes liturgiques, la sobre nef accueille les frères et leurs hôtes qui s'y réunissent trois fois par jour pour prier.
Près de l'église sont implantés un hétéroclite village de tentes individuelles, des dortoirs et des bungalows.

Talmay (château de)

21270 Côte-d'Or. 36 km Dijon.

Le curieux château de Talmay se dresse dans un beau parc à la française. Seul vestige d'une forteresse médiévale détruite en 1760, le puissant donjon du XIIIe s. est coiffé d'une toiture Louis XIV à lanternon ; il contraste vivement avec l'élégant corps de logis reconstruit au XVIIIe s. dans le style « Louis XV chinois ». Le corps de garde, la bibliothèque ornée de boiseries Louis XIV et plusieurs salles Renaissance se visitent.

Tanlay (château de)

89430 Yonne. 9 km Tonnerre.

Hétéroclite château de rêve, Tanlay a été commencé au milieu du XVIe s. par François de Coligny d'Andelot et fut achevé vers 1640 par Pierre le Muet, architecte appelé par Michel Particelli d'Hemery, nouveau propriétaire, surintendant des Finances de Mazarin. La lenteur de sa construction, ralentie par les guerres de Religion, explique la disparate élégance de cet ensemble Renaissance marqué par le goût français et un certain classicisme. Le domaine fut miraculeusement épargné par la Révolution.

Heureux poème de pierre flirtant avec l'eau de larges douves piquées de nénuphars et les grands arbres d'un parc, Tanlay s'ouvre à l'extérieur par le *Petit Château,* châtelet de style Louis XIII près duquel s'étendent d'importants communs.

Le *Grand-Château* — beau portail, coupoles et toits aigus — abrite un splendide mobilier du XVIIe s. et de très belles œuvres d'art. Fermé par une remarquable ferronnerie du XVIe s., le vestibule dit « des Césars » est orné par des bustes d'empereurs romains. Au premier étage, une immense galerie de réception est décorée de grisailles en trompe l'œil d'un relief surprenant : il faut s'approcher près des parois pour découvrir que pilastres, niches et statues sont factices. Au deuxième étage, la coupole de la *tour de la Ligue* offre le spectacle d'une curieuse fresque, peinture de l'école du Primatice. Cette composition énigmatique montre les grands de l'époque d'Henri II, nus, à demi dévêtus ou habillés. Parmi les personnages sans voile figurent la reine Catherine de Médicis révélant un dos puissant et une croupe bien charpentée, le cardinal de Lorraine (de face) et quelques gentes dames... Les spécialistes discutent encore de la signification de cette œuvre, y voyant parfois une allégorie politique.

Tonnerre

89700 Yonne. 16 km Chablis.

La capitale du Tonnerrois règne sur une région de vallées douces et de plateaux rigoureux giflés par le vent d'hiver. Tonnerre s'accroche à la *colline du Perron* (socle d'une église vigie), emmêlant les toits bruns de ses maisons disparates jusqu'à l'Armançon flâneur, lançant sur la rive droite de la rivière ses quartiers modernes.

Histoire. Cité d'origine gauloise, *Tornodurum* occupait une hauteur facile à défendre. Construit pour un évêque de Sens au VIIIe s., le château devint le fief d'une lignée de comtes à partir du Xe s. Vendu et revendu, il fut acquis par Louvois, ministre de Louis XIV. Tous les comtes successifs se proclamèrent « fondateur de l'hôpital » et jurèrent de le protéger en respectant ses droits. La ville fut ravagée au XVIe s. par un incendie.

Ancien hôpital Notre-Dame-des-Fontenilles. Fondé en 1293 par Marguerite de Bourgogne, comtesse de Tonnerre et belle-sœur de Saint-Louis, le vieil hôpital reçut des malades jusqu'en 1650, puis servit d'église paroissiale où de nombreux Tonnerrois se firent inhumés. Immense vaisseau éclairé par des fenêtres cintrées, la *salle des malades* est coiffée d'une superbe charpente en bois portant une vaste toiture de 4 500 m^2. Bien que raccourcie de 20 m au XVIIIe s., cette salle est encore longue de 80 m (les malades couchaient dans des alcôves le long des murs) et s'achève sur une triple abside voûtée en pierre, jadis utilisée comme chapelle des malades et clôturée par un jubé.

Au centre du chœur se dresse le tombeau en marbre blanc, refait au XIXe s., de Marguerite de Bourgogne ; l'autel est veillé par une *Vierge au Buisson ardent* du XIVe s. La chapelle de gauche abrite le mausolée XVIIIe s. du marquis de Louvois, œuvre de François Girardon et Martin Desjardins.

En contre-bas, la *chapelle de la Revestière* possède un remarquable Saint-Sépulcre (1454) animé de personnages grandeur nature d'une dramatique intensité.

Hôtel d'Uzès. Ce beau logis Renaissance accueille aujourd'hui la Caisse d'épargne. C'est là que naquit, en 1728, Charles de Beaumont. Le futur chevalier d'Éon connut une carrière aventureuse : agent politique de Louis XV, « lectrice » de l'impératrice Elisabeth de Russie, secrétaire d'ambassade à Londres entre autres. Homme ou femme, le mystérieux chevalier d'Éon est mort en pleine disgrâce en Grande-Bretagne (1810).

Église Notre-Dame. Une puissante tour carrée du XVIIe s. domine cette église du XVe s. Très endommagée par les bombardements de la dernière guerre. Partiellement reconstruite après l'incendie de 1556, l'*église Saint-Pierre* a conservé une petite porte romane du Xe s. L'édifice abrite notamment un buffet d'orgue et une chaire du XVIIe s. ; les stalles proviennent de l'abbaye Saint-Michel.

Fosse Dionne. Jadis dédié à quelque divinité celtique des eaux, le grand bassin circulaire de la profonde Fosse Dionne a été aménagé au XVIIIe s. Ce superbe lavoir est alimenté par une source vauclusienne et relié à l'Armançon par un déversoir.

Toucy

89130 Yonne. 24 km Auxerre.

A la lisière de la Puisaye, cette petite ville active est un centre de vente de bestiaux (foires importantes) et de fabrication d'ocre. Construite sur la rive droite de l'Ouanne, modeste affluent du Loing, Toucy possède une curieuse *église forteresse.* Dépendance d'un château disparu des évêques d'Auxerre, l'édifice date essentiellement du XVIe s. et englobe les restes d'une église du XIIe s. (tours).

Place de la République, une fontaine porte le buste de l'encyclopédiste et éditeur Pierre Larousse (1817-1875), enfant du pays. D'abord enseignant, il fonda en 1852, avec Augustin Boyer, une librairie et publia le *Grand Dictionnaire universel du XIXe siècle.*

Fontenoy. *11 km sud.* Un obélisque rappelle la bataille décisive du 25 juin 841 au cours de laquelle l'empereur Lothaire fut battu par ses frères Louis le Germanique et Charles le Chauve. Deux ans plus tard, le traité de Verdun (843) allait consacrer la fin du grand empire de Charlemagne, partagé entre ses descendants.

Tournus

71700 Saône-et-Loire. 30 km Mâcon.

Égratignée par la nationale 6, Tournus se campe sur une terrasse bordant la paresseuse Saône, face à la Bresse humide. Dominant l'enchevêtrement des toits de tuiles creuses, des clochers inégaux signalent Saint-Philibert, admirable composition de pierre comptant parmi les plus beaux édifices romans de Bourgogne.

Histoire. Héritière d'un castrum romain, étape et entrepôt des légionnaires sur la *voie d'Agrippa,* Tournus dut son développement au monastère qu'occupèrent des moines apportant les précieuses reliques de saint Philibert. Ces religieux s'installèrent en 875 dans l'établissement conventuel fondé près du tombeau de saint Valérien, martyrisé à la fin du IIe s. Saccagé par les Hongrois en 937, relevé et fortifié, l'ensemble monastique préserva son indépendance face à la rayonnante abbaye de Cluny. La ville eut la chance d'échapper au vandalisme révolutionnaire.

Église Saint-Philibert. Commencée à la fin du Xe s., l'édifice reçut sa dédicace définitive en 1120. A plusieurs reprises ralentie ou interrompue, sa construction fut marquée par la naissance et l'épanouissement de l'art roman.

Extérieur. D'une sévère harmonie, l'ex-abbatiale présente à sa façade les bandes et arcatures typiques du premier art roman ; elle est encadrée par une tour au toit en bâtière et un clocher à flèche (XIe s. probablement). Le clocher carré, élevé à la croisée, date du XIIe s.

Narthex. L'église s'ancre à un rude et magnifique narthex-forteresse préparant au recueillement. Le premier niveau, d'une beauté presque barbare, abrite une grande chapelle accessible par un escalier à vis enfermé dans une tourelle d'angle. Lumineux, offrant de remarquables effets de voûtes, le niveau supérieur, ou *chapelle Saint-Michel,* comporte une grande arcade qu'une inscription a fait surnommer « arc de Gerlannus » ; elle est ornée de frustes sculptures, dont un curieux personnage bénissant de la main droite et tenant un marteau dans la main gauche.

Intérieur. Nuancée de rose, claire, élancée, la nef surprend après le sombre narthex. Élevée au XIe s., elle offre une saisissante perspective avec ses hauts piliers et son inhabituelle succession de berceaux transversaux reposant sur les arcs doubleaux scandant les travées. Achevés au XIIe s., le transept et le chœur construits en pierre blanche se détachent quelque peu de la nef, tout en s'harmonisant avec elle. Voûté en berceau, le déambulatoire date du début du XIe s. Le chevet reproduit le plan d'une crypte du Xe s. finissant, ornée de chapiteaux remarquablement bien conservés (accessible par le croisillon nord). Exceptionnellement haute (3,50 m), la chapelle centrale est dédiée à saint Valérien ; la chapelle de droite est décorée d'une fresque du XIIe s. représentant une *Vierge à l'Enfant* et un *Christ en majesté.*

Bâtiments claustraux. Du XIe s., le *cloître Saint-Ardain* s'adossait au flanc sud de l'abbatiale ; seule subsiste la galerie nord qui s'ouvre par un portail du XIIIe s. A côté, la belle *salle capitulaire,* voûtée d'ogives, a été reconstruite en 1237 après un incendie. La cour du cloître sépare le *cellier* et le *réfectoire,* tous deux du XIIe s. Place des Arts se voit un logis abbatial gothique du XVe s.

Musée folklorique bourguignon Perrin-de-Puycousin. Installé dans la demeure familiale (XVIIe s.) de l'écrivain-critique Albert Thibaudet, né à Tournus en 1874, ce charmant musée réunit les collections que M. Perrin de Puycousin offrit à la ville en 1929. Des scènes de la vie d'hier et d'avant-hier ont été reconstituées dans plusieurs salles et permettent d'admirer des meubles, des objets et des costumes bourguignons.

Musée Greuze. Logé dans les bâtiments (XVIIIe s.) d'une ancienne communauté bénédictine, ce musée présente des portraits et dessins de Jean-Baptiste Greuze, né à Tournus en 1725, des peintures — bien différentes — de Ziem, impressionniste d'origine beaumoise, des collections très diverses (produit des fouilles du Tournugeois, statues et chapiteaux, outils et ustensiles domestiques des XVIIIe et XIXe s.).

La *rue de la République* est bordée de plusieurs demeures anciennes : face à un hôtel du XIIIe s., la poste est installée dans un édifice du XIVe s. ; beau *logis de l'Escargot* (1616), maison du XVe s. protégée d'une statue de la Vierge. De style Louis XVI, l'hôtel de ville a été construit en 1777 par Emiland Gauthey, ingénieur du canal de Bourgogne et architecte de l'église de Givry.

Hôtel-Dieu. Commencé en 1674, richement décoré grâce aux cardinaux Bouillon et Fleury, cet hospice possède encore des lits à baldaquin dans les salles communes. Du XVIIe s., la *pharmacie* est ornée de jolies boiseries, de superbes faïences, des flacons en verre et des étains.

Environs. Sennecy-le-Grand. *10 km nord.* Construite sur les ruines d'un ancien château féodal, l'hôtel de ville domine une place ceinturée de fossés. Sennecy possède deux charmantes églises romanes du XIe s., de plan très simple, aux arcatures lombardes ; celle de Saint-Julien a été partiellement remaniée au XVe s.

Saint-Martin-de-Laives. *12 km nord.* Accroché à un éperon au-dessus de la vallée de la Grosne (vue splendide), l'église de Saint-Martin remonte au XIe s. ; des chapelles furent ajoutées aux XVe et XVIe s.

Vézelay

89450 Yonne. 15 km Avallon.

Haut lieu de la foi au Moyen Age, figure de proue de la chrétienté, l'acropole de Vézelay se dresse aux marches du Morvan, *sainte colline* commandant un vaste et verdoyant panorama. La butte portant la célèbre basilique romane (un ensemble à la silhouette particulièrement caractéristique !) fut la chaire en plein vent de saint Bernard. Des gueux et des rois la gravirent, elle devint le point de ralliement des pèlerins venus demander la protection de sainte Marie-Madeleine avant de suivre l'un des principaux itinéraires conduisant à Saint-Jacques-de-Compostelle. Aujourd'hui, Vézelay est un bourg de plus en plus annexé par les résidences secondaires bourg quelque peu somnolent en dehors des périodes touristiques au cours desquelles il tient de la tour de Babel.

Les visiteurs passent trop rapidement, ne s'intéressant guère qu'à la basilique, à ses tympans et à ses chapiteaux. Quoique ne faisant pas assaut de coquetterie, la localité mérite pourtant une flânerie. Depuis le XIIe s., de fortes murailles corsètent la colline et le bourg, deux tours à bossages protégeant toujours la *porte Neuve* (XIVe et XVe s.), longtemps entrée principale. Les ruelles sont bordées de vénérables maisons en pierre, certaines assez pittoresques avec leur escalier en encorbellement et leurs fenêtres à meneaux. Maintes demeures possèdent de ravissants jardins panoramiques établis au sommet des anciens remparts : l'étranger au pays ne s'en aperçoit guère s'il ne monte au sommet de la tour de la basilique. Derrière la Madeleine, une *terrasse promenade* offre une très jolie vue sur la vallée.

Histoire. La vie de Vézelay commence dans la vallée et dans les zones proches du Morvan, peuplées dès la plus haute Antiquité. Au IXe s., le comte Girart de Roussillon fonda deux monastères, un couvent de femmes d'abord, probablement à l'emplacement de Saint-Père, puis un établissement de moines bénédictins sur la hauteur. Les nonnes se dispersèrent lors des raids normands, les religieux restèrent sur le promontoire. L'abbaye a été consacrée en 878 par le pape Jean VIII, la butte de Vézelay devint célèbre au XIe s. lorsque les pèlerins apprirent la présence des reliques de Marie-Madeleine, sœur de Lazare et de Marthe. La modeste église carolingienne fut remplacée par un édifice roman plus important à l'aube du XIIe s.

Le 31 mars 1146, devant Louis VII et de nombreux chevaliers, saint Bernard prêcha la deuxième croisade. La cité accueillit par la suite Philippe Auguste, Richard Cœur de Lion, Saint Louis et la foule des pèlerins jusqu'à la fin du XIIIe s. La décadence survint quand il fut admis que les « vrais ossements » de la sainte ne se trouvaient pas en Bourgogne, mais à Saint-Maximin, en Provence. Des chanoines remplacèrent les bénédictins, l'abbaye moribonde fut saccagée par les huguenots et la Révolution. Prosper Mérimée attira l'attention des pouvoirs publics sur l'état déplorable de l'église ; Viollet-le-Duc mit près de vingt ans à la restaurer, de 1840 à 1859.

Basilique Sainte-Madeleine. La Madeleine se compose de trois parties bien distinctes : la *nef romane* rapidement construite après l'incendie qui ravagea l'édifice préexistant en 1120, le *narthex* datant du milieu du XIIe s., le *transept* et le *chœur* gothique terminés au début du XIIIe s. Entièrement reconstitué d'après des documents anciens par Viollet-le-Duc, la sèche façade de la basilique déçoit quelque peu malgré l'original pignon et la tour Saint-Michel coiffée au XIIIe s. d'un étage à baies géminées.

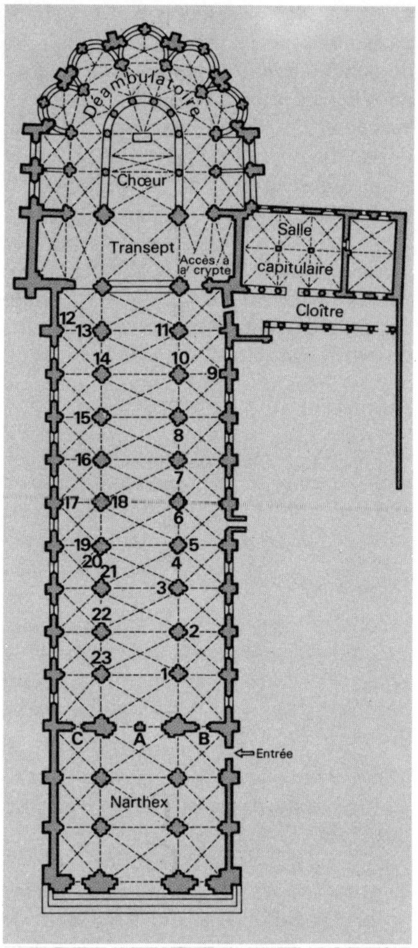

Vézelay - Basilique Sainte-Madeleine **A** Portail central : mission des Apôtres après la Résurrection ; scènes représentant les peuples à évangéliser. A la voussure, travaux des mois et signes du zodiaque **B** Portail de droite : Enfance du Christ **C** Portail de gauche : Apparition du Christ après sa résurrection.

1 Pendaison de Judas **2** La luxure et le désespoir **3** Arche de Noé **4** Le moulin mystique **5** Mort du pauvre (Lazare) et du riche **6** Les quatre vents **7** Saint-Martin et l'arbre des païens **8** Lutte de l'Ange et de Jacob **9** Les quatre fleuves du Paradis **10** Daniel dans la fosse aux lions **11** Samson et Dalila **12** Ange vainqueur du Démon **13** Adam et Eve **14** Tentation de saint Antoine **15** Légende de sainte Eugénie **16** Moïse et le veau d'or **17** Festin du riche **18** Sacrifices d'Abel et de Caïn **19** David vainqueur de Goliath **20** Moïse tue un égyptien **21** L'été et l'hiver **22** L'avarice et la calomnie **23** La sagesse et l'impudence.

Narthex. Construit immédiatement après la nef, doté de superbes chapiteaux historiés, l'énorme porche s'étend sur plus de 20 m et s'ouvre sur la nef par un grand portail flanqué de deux portes plus petites, spectacle à couper le souffle ! Le célèbre tympan du portail central, qui n'est pas restauré, est dominé par un *Christ en gloire* dont les mains tendues infusent l'Esprit saint aux douze apôtres ; ce chef-d'œuvre de la statuaire bourguignonne du XIIe s. est escorté de nombreuses scènes sculptées (curieux calendriers à la première voussure, avec les signes du zodiaque et l'évocation des travaux des mois) ; une statue de saint Jean-Baptiste s'adosse au trumeau, alors qu'une procession se développe au linteau et que les apôtres apparaissent aux piedroits. Le portail latéral sud évoque l'enfance du Christ, alors que le portail de gauche montre le Seigneur apparaissant aux apôtres après la Résurrection et l'épisode des pèlerins d'Emmaüs.

Nef. Imposante et lumineuse, elle offre une perspective saisissante et s'écarte du modèle clunisien (pas de triforium, parti pris de l'horizontalité plus que de la verticalité). Longue de 62 m, haute de 18 m, escortée de bas-côtés moins élevés, elle apparaît assez sévère dans son harmonie. Scandée par l'alternance des pierres blanches et brun rosé, couverte de voûtes d'arêtes, elle offre le spectacle d'une centaine de *chapiteaux* historiés avec verve des sujets les plus divers (aux évocations bibliques, des vies de saints et du monde infernal, se mêlent très curieusement les représentations païennes de l'éducation d'Achille et de l'enlèvement de Ganymède).

Transept et chœur. L'ancien ensemble fut remplacé au début du XIIIe s. Au croisillon droit, une colonne renferme dans son fût les reliques supposées de Marie-Madeleine. Enveloppé d'un ample déambulatoire, le chœur repose sur une crypte carolingienne remaniée au XIIIe s. ; les chapiteaux semblent témoigner d'une influence cistercienne de facture prégothique.

Dans le prolongement du bras droit du transept, l'ancienne salle capitulaire du XIIe s. est voûtée d'ogives. Elle s'ouvre sur une galerie du cloître refaite en 1854 par Viollet-le-Duc. Seul un pan de mur subsiste des bâtiments claustraux abattus pendant la Révolution.

Villeneuve-sur-Yonne

89500 Yonne. 17 km Joigny.

Créée en 1163 par Louis VII au pied de collines boisées, cette ancienne résidence royale s'appela initialement *Villefranche-le-Roy*. Villeneuve est traversée par la rue Carnot qui s'ouvre à la *porte de Sens* (XIIIe s.) et rejoint la *porte de Joigny,* de la même époque mais très remaniée au XVIe s. Les remparts aménagés en promenade, plusieurs couvents, de belles demeures, le relais de poste du XVIIIe s., dit *Maison aux Sept Têtes,* la *tour Louis-le-Gros* (du XIIe s., elle était intégrée au château royal) en font tout le charme.

Église Notre-Dame. Commencée en 1163, cette belle église à la délicate façade Renaissance mêle les influences bourguignonne et champenoise. Le chœur et le déambulatoire sont du XIIIe s. ; une partie de la nef décorée de chapiteaux à feuillages et des bas-côtés du XIVe s. Les dernières travées de la nef et les chapelles latérales correspondantes sont du XVIe s. Dans la *chapelle du Sépulcre,* superbe *Mise au Tombeau :* un Christ en bois du XIVe s. est entouré de personnages en pierre du XVIe s. Dans une autre chapelle, une charmante *Notre-Dame-des-Vertus* (XIVe s.) tient dans ses bras l'enfant Jésus qui porte une colombe ; un beau vitrail du XVIe s. conte la vie de la Vierge.

Château de Passy. *4 km nord.* Cette riche résidence du XVIIe s. est entourée de jardins dessinés par Le Nôtre ; elle accueillit fréquemment Chateaubriand qui aimait séjourner dans la région.

Vougeot (clos de)

21640 Côte-d'Or. 17 km Dijon.

Sur la *route des vins,* le célèbre *climat* (cru) du clos de Vougeot s'étend sur un terroir exceptionnel donnant un grand vin délicat. Mis en valeur dès le XIIe s. par des moines cisterciens, il fut agrandi de terres appartenant à la parisienne abbaye de Saint-Germain-des-Prés et bénéficia de plusieurs donations. Vendu comme bien national pendant la Révolution, le domaine passa entre différentes mains, fut loti entre une quinzaine de vignerons : le jeu des héritages et des ventes multiplia ensuite les parcelles ; l'ancien domaine monastique est maintenant partagé entre des dizaines de propriétaires.

Château. Construit en 1551 par Dom Loisier, le château est très marqué par la Renaissance. Le *cellier* roman et la *cuverie* abritent d'impressionnants pressoirs datant des XIIe et XIIIe s. Le château appartient depuis 1944 à la *Confrérie des chevaliers du tastevin* qui y organise galas et banquets.

CUISINE ET CHEFS DE BOURGOGNE

La Bourgogne demeure attachée à des traditions culinaires dont on peut attendre, au restaurant, le meilleur et le plus banal. Au répertoire figurent le jambon persillé, fort savoureux quand il n'a pas été préparé des siècles à l'avance, les escargots, provenant souvent des pays de l'Est et cuisiné avec un beurre aillé, l'éternel coq au vin — rarement au chambertin ! —, le bœuf bourguignon, les œufs et les poissons d'eau douce nappés d'une sauce meurette, les écrevisses encore pêchées dans la Saône. Parmis les fromages figurent l'époisses, d'odeur et de goût puissant, le chaource, le saint-florentin, le soumaintrain, le fromage d'Antun et de nombreux chèvres. A la carte des douceurs et desserts : le célèbre pain d'épice de Dijon (spécialité la plus ancienne de la ville), la gougère de l'Yonne, la corniotte (pâte à choux) de Chagny, le cacou (clafoutis) de Paray-le-Monial, les patinettes (pâtes de fruits) de Gevrey-Chambertin. Et les cerises de l'Yonne...
Les grands chefs utilisent certains produits locaux et extrapolent quelques recettes bourguignonnes, mais leur attachement au pays se devine surtout à la lecture de la carte des vins, leur cuisine allant très au-delà des conventions régionales. Les noms à retenir : *Michel Lorain* (la Côte Saint-Jacques, Joigny), *Marc Meneau* (l'Espérance, Saint-Père-sous-Vézelay), *Bernard Loiseau* (la côte d'Or, Saulieu), *Jean-Pierre Billoux* (la Gare, Digoin), *Céline Menneveau* (Rôtisserie du Chambertin, Gevrey-Chambertin), *Jacques Lameloise* (Lameloise, Chagny), *Jean Ducloux* (Greuze, Tournus), *Georges Blanc* (La Mère Blanc, Vonnas). Les établissements élégants et luxueux de ces passionnés sont de ceux qui « méritent le détour » !

Références photographiques

Reportage photographique de l'agence SCOPE réalisé pour les Éditions Fernand Nathan par Jacques Guillard, *(Leica R 3),* avec la collaboration de : Philippe Beuzen, p. 22, 23, 30, 31 (ph. 2, 4, 5), 34, 35 (ph. 1), 40 (ph. 1), 41 (ph. 7), 51 (ph. 6, 8), 57 (ph. 3), 58 (ph. 1, 2), 65 (ph. 2, 3). Michel Guillard, p. 36/37, 54/55. Jacques Marthelot, p. 26 (ph. 4, 5), 56, 57 (ph. 2, 4, 5, 6, 7). Jean-Daniel Sudres, p. 48/49, 50 (ph. 1, 2, 3, 4, 5, 9).

Cartographie : Studio Bérad.

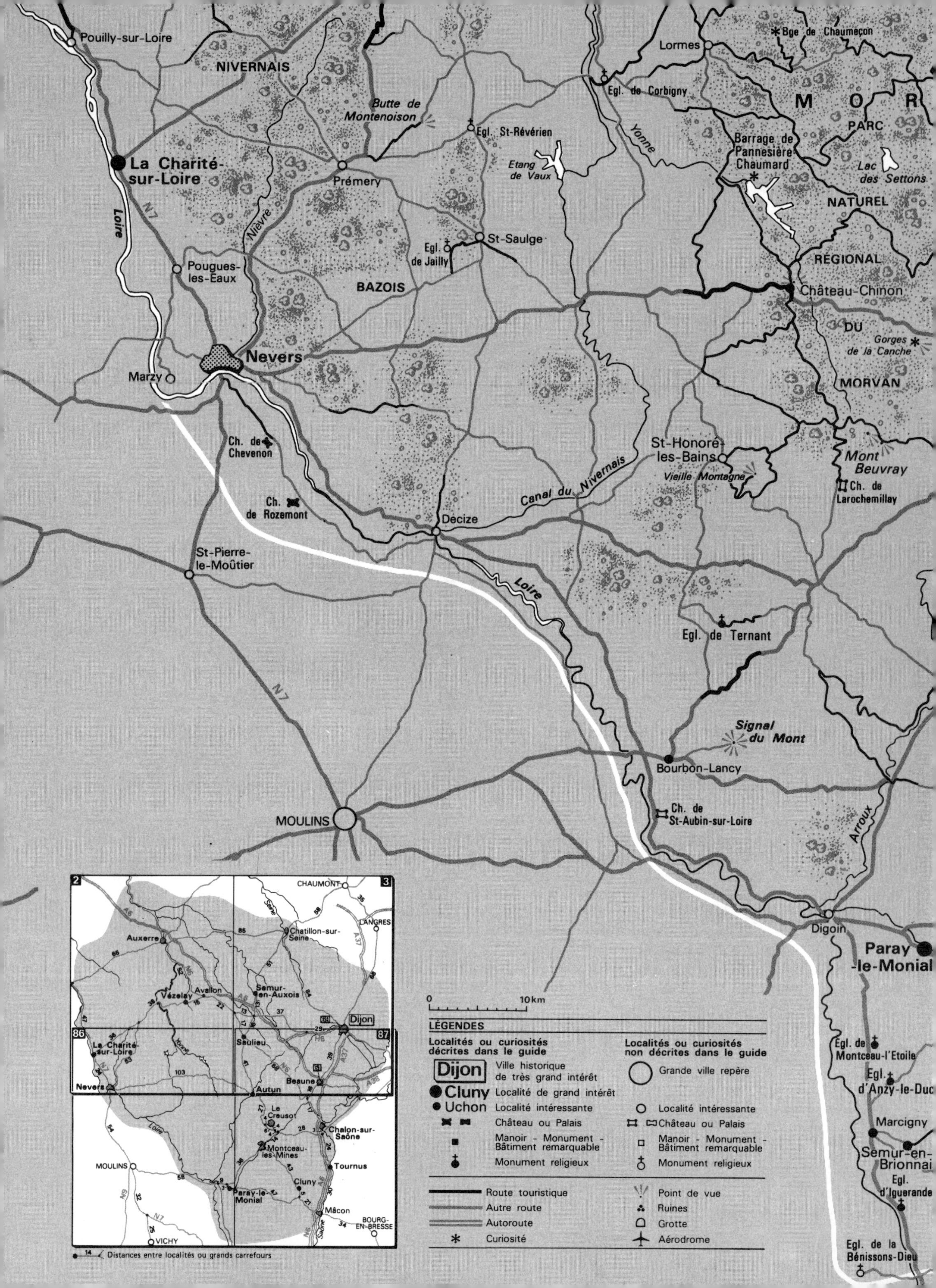
Pouilly-sur-Loire
NIVERNAIS
Butte de Montenoison
Egl. St-Révérien
Lormes
Bge de Chaumeçon
Egl. de Corbigny
Yonne
M O R
PARC
Barrage de Pannesière Chaumard
Lac des Settons
NATUREL
RÉGIONAL
DU
MORVAN
La Charité-sur-Loire
Loire
N7
Prémery
Etang de Vaux
Nièvre
St-Saulge
Egl. de Jailly
Pougues-les-Eaux
BAZOIS
Château-Chinon
Gorges de la Canche
Nevers
Marzy
Ch. de Chevenon
Ch. de Rozemont
St-Honoré-les-Bains
Vieille Montagne
Mont Beuvray
Ch. de Larochemillay
Canal du Nivernais
Decize
St-Pierre-le-Moûtier
Loire
Egl. de Ternant
N7
Signal du Mont
Bourbon-Lancy
Ch. de St-Aubin-sur-Loire
Arroux
MOULINS
Digoin
Paray-le-Monial
Egl. de Montceau-l'Etoile
Egl. d'Anzy-le-Duc
Marcigny
Semur-en-Brionnai
Egl. d'Iguerande
Egl. de la Bénissons-Dieu
0 10km
LÉGENDES
Localités ou curiosités décrites dans le guide
Dijon Ville historique de très grand intérêt
Cluny Localité de grand intérêt
Uchon Localité intéressante
Château ou Palais
Manoir - Monument - Bâtiment remarquable
Monument religieux
Localités ou curiosités non décrites dans le guide
Grande ville repère
Localité intéressante
Château ou Palais
Manoir - Monument - Bâtiment remarquable
Monument religieux
Route touristique
Autre route
Autoroute
Curiosité
Point de vue
Ruines
Grotte
Aérodrome
2
3
86
87
CHAUMONT
LANGRES
Chatillon-sur-Seine
Auxerre
Vézelay
Avallon
Semur-en-Auxois
Dijon
La Charité-sur-Loire
Saulieu
Nevers
Autun
Beaune
Le Creusot
Chalon-sur-Saône
Montceau-les-Mines
Tournus
MOULINS
Paray-le-Monial
Cluny
Mâcon
BOURG-EN-BRESSE
VICHY
Distances entre localités ou grands carrefours